JN440477

웰다잉을 위한

하늘여행 준비노트

양 무 석 저

도서출판 보성

책머리에

우리는 세상을 살면서 실로 많은 여행(旅行)을 하게 됩니다. 수학여행, 테마여행, 신혼여행, 가족여행, 해외여행, 황혼여행 등은 우리가 인생을 살아가면서 기회 있을 때마다 한 두 번씩은 하게 되는 여러 여행의 종류들입니다. 이런 의미에서 인생살이를 흔히 <인생의 긴 여정(旅程)>이라고 칭(稱)하는 것도 과히 틀린 말은 아닙니다.

이러한 여행들은 나 홀로 떠날 수도 있고, 또 여럿이 단체로 떠날 수도 있습니다. 그런데 이러한 여러 여행 중에서 매우 특이한 여행이 하나 있는데, 그것은 다름 아닌 바로 <하늘여행>입니다. 이 <하늘여행>이 특별한 이유는, 이 여행은 오로지 나 혼자 떠날 수밖에 없는 <외로운 여행>이고, 또 누구에게나 오직 단 한 번밖에 할 수 없는 <일회성 여행>이며, 그리고 또 누구라도 결코 피할 수 없는 <운명적인 여행>이기 때문입니다. 특히 이 여행은 단 번 떠나면 결코 다시는 되돌아올 수 없는 영원한 <마지막 여행>이기도 합니다.

여행에는 매우 많은 준비가 필요합니다. 정말이지 성공적 여행을 위해서 필요한 준비물들은 매우 많습니다. 여행의 목적과 목표가 정해지게 되면, 먼저 여행의 행선지를 정해야 하고, 여행의 계획을 세워야 하고, 일정을 짜야 하고, 여행 경비를 준비해야 합니다. 이러한 모든 일들을 우리는 여행의 성공을 위하여 진정 즐겁고 기쁜 마음으로 준비를 하게 됩니다.

이처럼 성공 여행을 위해 매우 중요한 것이 철저한 <사전 준비>임에도 불구하고, 사람들은 <하늘여행>에 대해서는 대부분 <사전 준비>를 외면하고, 회피하고, 금기시하고, 부정하려고만 합니다. 도대체 준비 자체를 하려고 하지를 않습니다. 그러다가 정말 아무런 준비도 없이, 어느 날 갑자기 여행을 떠나야 할 운명적 상황에 부닥치게 됩니다.

만약 이 <하늘여행>이 적당히 미루다가 회피할 수 있다고만 한다면, 준비를 하지 않는다고 해서 별로 문제될 것이 없습니다. 오히려 미리 준비를 하지 않는 것이 골치도 덜 아프고 더 편할 수도 있습니다. 그런데 결코 회피할 수도 없고, 또 누군가 대신할 수도 없는 여행이 바로 이 <하늘여행>이라고 한다면, 그리고 제대로 준비가 되지 않았음에도 불구하고 어쩔 수 없이 떠나야 할 운명적 상황이 우리에게 부닥친다면, 이 여행의 주인공도 그렇고 또 여행을 떠나보내야만 하는 사랑하는 가족 친지들도 그렇고, 이 준비되지 않은 <하늘여행>이 허둥대다가 엉망이 되어버리기 십상인 아쉬운 여행이 되리라는 것은 불을 보듯 뻔합니다. 이러한 상황에서 여행의 성공(成功)은 결코 기대할 수도 없게 되고, 또 기대한다는 것 자체가 공염불(空念佛)이 될 수밖에 없습니다.

본 노트는 이러한 <하늘여행>에 있어서 필요한 준비물들을 간단히 정리해 본하늘여행 준비목록 책자입니다. 이 책에서 언급된 여러 준비목록들이 앞으로의 <하늘여행>에 조금이라도 도움이 되었으면 좋겠습니다.

끝으로 디자인 편집 등 본 책자를 준비함에 있어 보성출판사 박상규사장님을 비롯하여 장례지도과 곽진훈 동문과 임덕기 동문이 많은 수고를 하였습니다. 이 자리를 빌려 그 노고에 고마움을 표합니다.

2015년 12월
비봉산(飛鳳山) 자락 연구실에서
양 무 석

만약
저에게 무슨 일이
일어나게 되면,
이 노트를 읽어 보시고
그대로 따라 주시기를
소망합니다!!

작성기간	년 월 일 부터 년 월 일
작 성 자	(인)
보 관 자	(인)

시한부 선언서

(www.deathclock.com ; deathlife.co.kr)

1. 나의 생년월일 :
2. 나의 성별 :
3. 나의 성격 : 긍정(낙천)적, 부정(비관)적, 외향적, 내성적, 평범 등
4. 흡연 여부 :

85

나의 사망 예정일은

______ 년 ____ 월 ____ 일 이며,

생(生)의 남은 시간은

_________ 초입니다.

죽음이란

여명의 햇살로 왔다가

노을로 지면서

생을 마감하는 것

사함 받지 못한 질문도

탕감 받지 못한 빚도

깨끗이 청산이 되는 관문

회한을 잊고

용서와 화해의 끈이 되어

인간의 기억 속에

영원히 존재하는 것은

사랑 뿐

남은 자는

먼저 간 자의 제자가 되어

살아 볼만한

생의 의미를 깨닫는 것

오늘

우리가 헛되이 보낸 하루는,

어제

죽어간 사람들이

그토록

살고 싶어하던,

내일

이었다.

목 차

My Life : 하늘여행 준비노트

- 「99세까지 88하게 살다가 2~3일 아프고 나서 곧 바로 4(死)할 수 없을까?」
- 「늙어가면서 가족들에게 괜히 짐만 되는 것 같애」
- 「간병이 필요할 때를 대비해서 보험에 들어야 해」
- 「가족에 폐를 끼치게 되므로, 간병시설에서 보살핌을 받고 싶어」
- 「임종은, 병원이 아닌 집의 이부자리 위에서 맞고 싶어」
- 「내가 암에 걸렸다면 숨기지 말고 알려 주세요」
- 「장례식에는 좋아하는 꽃을 많이 장식하여 주세요」
- 「내가 죽더라도 장례식은 필요 없고, 묘(墓)도 필요 없어」

사실 전에는 이러한 화제(話題)들이, 「에이! 재수 없어」「운수가 좋지 않아」「언급하고 싶지 않다」고 하여, 일상적 화제로는 그다지 언급된 적이 없었습니다. 또한 신경이 쓰여도, 「차후의 일이니까」「그때 가서 생각하면 되지」「가족에게 맡기자」라고 생각하고는, 미루고 있는 경우가 거의 대부분이었죠.

그러나 사실 차후 위급한 상태가 되었을 때에는, 이미 본인이 결단을 한다든지 생각을 한다든지 하는 것은 거의 할 수가 없는 지경에 이르게 됩니다. 오로지 가족들만이 결단을 해야 되고, 압박감을 느끼게 되고, 그리하여 갈피를 잘 못 잡게 되어버리는 경우가 거의 대부분입니다.

만약 이럴 때 임종자(臨終者) 본인(本人)의 분명한 희망을 미리 알고 있다고 한다면, 가족들도 보다 안심되고 보다 편안한, 좋은 결단을 해나갈 수가 있게 될 것입니다. 또한 임종자 본인으로서도 미리 희망(希望)을 말해 놓으면, 임종에 즈음하여 바람직하지 않은 모습으로의 간병이나 장례식으로 되어 버리는 일은 거의 없게 될 것입니다. 따라서 건강할 때에, 말하자면 젊고 병이 없을 때에, 미리 여러 가지의 경우를 생각하여, 가족들과 앞으로 다가 올 운명의 날에 관하여 미리 의논을 해 놓는 것이 매우 중요합니다.

인간은 반드시 나이를 먹기 마련입니다. 그리고 그에 따라 신체(身體)도, 또 기억력도 점점 쇠퇴해 가게 마련입니다. 그리하여 결국에는 죽음을 맞이하게 됩니다. 흔히 물리학에서 말하는 엔트로피(Entrophy)의 법칙이 바로 여기에 해당된다고 말할 수도 있습니다. 그러나 이러한 피할 수 없는 운명적 과정(過程)을 후회 없도록 보내기 위해서는, 이제 쇠퇴해가는 것 또는 죽음으로부터 눈을 피하려 하지 말고

정면(正面)으로 응시하여 그것을 받아들임과 동시에, 또한 이러한 "생로병사(生老病死)"에 관하여 사색(思索)을 한다든가 아니면 공론화(公論化)한다든가 하는 것들을 즐길 정도의 마음의 여유를 가지는 것이 좋습니다. '피할 수 없으면 즐겨라!'는 말도 있지 않습니까?

이 조그마한 노트(Note)가 바로 인간의 이러한 "생로병사(生老病死)"에 관하여 생각해 보게 하는 하나의 계기가 되었으면 좋겠습니다. 부디 이번 기회에 "나(我)의 생로병사(生老病死)"에 관하여 한 번 깊이 생각해보시기 바랍니다.[1)]

---

1) 公益社, 『旅立ちの準備ノ-ト』, 東京, 2f.쪽 참조.

노트 기재 방법

1. 모든 항목에 다 기입하지 않아도 됩니다.

이 노트 항목에는 시간을 두고 생각해 보지 않으면 안 되는 성질의 것도 많이 포함되어 있습니다. 따라서 생각하다가 결론(結論)이 잘 안 나오면, 기입하지 않아도 좋습니다. 후에 답할 수 있는 시기가 오게 되면, 그 때 새로이 추가로 기입하셔도 됩니다.

2. 생각이 바뀌면…

금번에 여기에 기입했던 것도, 세월이 지나면서 생각이 또 바뀔지도 모르겠습니다. 그러할 경우에는, 전에 기입해 놓은 것을 빨간 펜의 선으로 지우시고, 새로 기입하여 주시기 바랍니다. 또 변경한 곳의 옆에는, 추가한 날짜를 잊지 말고 적어주십시오.

3. 가족에게 보여서, 서로의 의견(意見)을 확인하는 것이 좋습니다.

이 노트에 대답한 내용(內容)에 관해서는, 가능하다면 가족들에게도 보여서, 가족들과도 충분히 의논해 보시기 바랍니다. 그 경우, 본인(本人)의 생각과 가족들의 의견(意見)이 반드시 일치할 필요는 없습니다. 그 대신에 이제부터는 몇 번이고라도 대화(對話)의 주제(主題)로 내 놓으세요. 한편, 떨어져서 살고 있는 가족들이 있으시다면, 그들에게도 기회를 만들어서 이 노트를 보여주도록 하면 좋겠죠.

이렇게 함으로써 자신의 생각을 가족들에게 알게도 하고, 거꾸로 자신도 가족들의 생각을 알 수가 있게 됩니다. 또한 가족이 없는 경우 또는 사정이 있어 가족들에게 부탁을 할 수 없는 경우에는, 친구 또는 지인(知人) 등 신뢰할 수 있는 사람들에게 보이면 됩니다.

4. 언제라도 볼 수 있는 장소에 두세요.

다 써 놓은 노트는, 그 의사 표시를 실현시키기 위해서라도, 사용하고 있는 책상 서랍 등 만일의 경우 곧바로 꺼낼 수 있는 장소에 놓아두십시오. 그리고 그 장소(場所)는 가족들에게도 꼭 알게 해 놓으면, 좋습니다.

5. 날짜와 서명을 적어 놓으세요.

이 노트에 기입할 일들이 모두 끝나면, 한 번 더 찬찬히 읽어 보시고, 다시 한 번 자신의 마음을 확인한 후에, 페이지 맨 뒷장 서명 란에 날짜를 기입하고 서명하여 주십시오.

하늘여행 필요 준비물

1. 유언 남기기

영상물(비디오, CD, DVD)에 담아두시면 더 좋습니다. 장례식장에서 뿐만 아니라 내가 이 세상을 떠난 이후에도 삶의 큰 교훈으로 가족들을 지켜줄 수 있습니다.

2. 영정사진 찍기

장례식장에 가서 당황해 하지 마시고, 미리 밝은 모습을 담은 사진(영정사진)을 준비해 둘 필요가 있습니다.

3. 용서하기

용서되지 않은 상처와 쓴 마음을 다 내려놓고, 다 풀고 떠나세요. 남은 자들과의 화해를 선포하고 가십시오!

4. 감사 표현하기

고마운 사람들에게 감사 편지를 써 두십시오. 그리고 그들을 격려하십시오!

5. 유산 정리하기

흔히 <부자에게 자식은 없다, 상속자만 있을 뿐이다>는 말이 있습니다. 재산으로 분쟁의 불씨를 남기겠습니까? 덕(德)을 새겨 놓고 떠나겠습니까? 이제 사회에 재산을 헌납하거나 기증하는 것을 깊이 생각해야 할 때입니다.

6. 약사(略史) 정리하기

자신이 살아온 삶을 글로 정리해 두십시오. 후손들에게는 너무나 소중한 자료가 됩니다.

7. 마지막 헌신

나의 생명을 누군가에게 주고 싶다면 장기기증에 분명한 의사를 표시해 두십시오.

8. 위대한 유산, DNA 보관하기

내 삶의 과학적 흔적인 DNA를 보관하여 두십시오. 후손들에게 나를 느끼게 하는 직접적인 추모 상징물이 되며, 맞춤의학시대의 후손들 건강에 큰 도움이 됩니다.[2)]

---

2) 이형웅, 『엔딩노트』, 퓨너럴뉴스, 3쪽 참조.

쉼터

부재(不在)

김춘수

어쩌다 바람이라도 와 흔들면
울타리는
슬픈 소리로 울었다.

맨드라미 나팔꽃 봉숭아 같은 것
철마다 피곤
소리 없이 져버렸다.

차가운 한 겨울에도
외롭게 햇살은
청석(靑石) 섬돌 위에서
낮잠을 졸다 갔다.

할 일없이 세월(歲月)은 흘러만 가고
꿈결같이 사람들은
살다 죽었다.

제1부

나의 인생

회상(回想)과 추억

이 세상에 하나 밖에 없는 존귀한 존재인 나를 객관적으로 누구나가 알 수 있도록 기록합니다. 우선 먼저, 출생(出生)에서부터 현재(現在)까지의 자신을 되돌아보시기 바랍니다. 이것은 인생의 여정(旅程)을 재확인하는 것임과 동시에, 가족(家族)들에게는 내가 <이러한 인생(人生)을 살아왔다>라는 것을 전(傳)하는 것일 수도 있습니다.[3]

출생에 관하여

성명(한글)			(한문)		
생년월일	년 월 일(양력)			년 월 일(음력)	
혈액형	종교		취미		병역
출생지					
본적지					

3) 公益社,『旅立ちの準備ノート』, 東京, 6f.쪽 참조.

학교의 추억

초등학교 초등학교 졸업

가장 잘한 과목 싫어했던 과목

자주 놀러갔던 장소

당시 되고 싶었던 직업

중 학 교 중학교 졸업

가장 잘한 과목 싫어했던 과목

과외(클럽) 활동

좋아했던 책

좋아했던 TV(라디오) 프로그램

고등학교 고등학교 졸업

가장 잘한 과목 싫어했던 과목

과외(클럽) 활동

좋아했던 책

좋아했던 연예인(운동선수)

그 후의 학교 졸업 (대학교, 전문학교, 각종학교 등)

전공

열중했던 것

졸업논문(작품)의 주제

업무의 기록

지금까지 일해 왔던 직업(職業)들을 다 써 주세요.

지금까지 근무해 왔던 회사명(會社名)들을 다 써 주세요(부서명도).

지금까지 근무해 왔던 장소(시, 구, 동, 면까지)를 다 써 주세요.

나와 가족 1

부모에 대하여

부(父) : 소중한 가족들을 위해 말없이 눈물을 삼키시던 아버지. 연세를 드시면서 점점 작아지셨던 아버지의 뒷모습을 보며, 아버지는 나에게 어떤 존재였나를 생각해 봅니다.

아버지 성명 생년월일

출생지

인상을 한마디로 말한다면

모(母) : 산고를 견디시며 나를 낳아주신 어머니. 나의 표정만으로도 나를 훤히 알고 계시던 어머니가 나에게 어떤 존재였나를 생각해 봅니다.

어머니 성명 생년월일

출생지

인상을 한마디로 말한다면

부모님은 현재 어떤 생활을 하고 계십니까?

만약 부모님이 돌아가신 경우에는 돌아가신 날짜, 모신 장소를 써 주세요.

조상에 대하여

나는 누구로부터 왔으며, 거슬러 올라가 나의 조상님들은 어떤 분이셨을까요?

1. 조부 : 조모 : 외조부 : 외조모 :

아버지 형제자매	어머니 형제자매
-	-
-	-
-	-
-	-
-	-
-	-
-	-
-	-

2. 윗대 조상 중 훌륭하신 분 :

3. 우리족보 보관 장소 :

형제에 대하여 (사망한 경우에는 사망일, 모신 장소를 써 주세요)

이름 :

생년월일 :

현재의 주소 :

이름 :

생년월일 :

현재의 주소 :

이름 :

생년월일 :

현재의 주소 :

이름 :

생년월일 :

현재의 주소 :

이름 :

생년월일 :

현재의 주소 :

나와 가족 2

결혼과 배우자

배우자의 이름 :

결혼기념일 :

당신이 배우자를 선택하게 된 이유를 써 주세요.

아이들에 대하여

【첫째 아이】 이름 : 생년월일 :

이름의 의미 :

어떤 아이였습니까?

【둘째 아이】 이름 : 생년월일 :

이름의 의미 :

어떤 아이였습니까?

【셋째 아이】 이름 : 생년월일 :

이름의 의미 :

어떤 아이였습니까?

【넷째 아이】 이름 : 생년월일 :

이름의 의미 :

어떤 아이였습니까?

아이를 키우는 데에 어떤 고충이 있었습니까?

아이를 키우는 데에 보람이 있었습니까?

쉼터

흔들리며 피는 꽃

도 종 환[4)]

흔들리지 않고 피는 꽃이 어디 있으랴
이 세상 그 어떤 아름다운 꽃들도
다 흔들리면서 피었나니
흔들리면서 줄기를 곧게 세웠나니
흔들리지 않고 가는 사랑이 어디 있으랴

젖지 않고 피는 꽃이 어디 있으랴
세상 그 어떤 빛나는 꽃들도
다 젖으며 젖으며 피었나니
바람과 비에 젖으며 꽃잎 따뜻하게 피었나니
젖지 않고 가는 삶이 어디 있으랴

---

4) 도종환 시인은 사별한 아내에 대한 애정을 담은 「접시꽃 당신」 등 주로 가족과 사랑을 주제로 많은 작품을 남긴 시인이다.

기억하고 싶은 일들

내 삶의 발자취

인생의 여정을 회상할 때 어떤 생각들을 갖게 되는지 생각해보세요.

1. 나의 유년 시절

어린 시절 ... 가장 인상 깊었던 일을 적어 봅니다. 나는 어떤 어린이였을까요 :

[가장 인상 깊었던 유년 시절의 나의 사진도 붙여 보세요]

2. 나의 청소년 시절

내가 본 나의 청소년 시절, 가장 기억에 남는 것을 적어보세요 :

[가장 인상 깊었던 청소년 시절의 나의 사진도 붙여 보세요]

3. 나의 사회생활

나는 사회구성원으로 충실했나요? 나에게 강한 추억으로 남아 있는 것을 적어보세요 :

[가장 인상 깊었던 사회생활의 나의 사진도 붙여 보세요]

4. 나의 가정생활

우리 가족의 분위기는 어떠하였으며, 나는 내 역할에 성실했나요? 잊지 못할 가족사를 적어보세요 :

[가장 인상 깊었던 가정에서의 가족과의 사진도 붙여 보세요]

5. 친구들과의 추억록

늘 함께 하고픈 친구들의 소중하고 특별한 기억을 자유롭게 적어보세요 :

[가장 인상 깊었던 친구들과의 사진도 붙여 보세요]

6. 내가 좋아하는 것들

내가 선호하는 것들을 항목별로 적어보세요 :

- 나의 취미 :
- 나의 특기 :
- 좋아하는 음식 :
- 좋아하는 나라 :
- 좋아하는 노래 :
- 좋아하는 귀금속류 :
- 좋아하는 색깔 :
- 좋아하는 말 :
- 좋아하는 동물 :
- 즐겨 읽는 책 :
- 좋아하는 계절 :
- 기타 좋아하는 것들 :

쉼터

세월은 몸으로 지나간다

최 승 헌(부산출생, 스님)

몸을 보면 살아온 세월이 느껴진다.
몸의 곡선마다 거미줄처럼 쳐져있는 세월의 길은
가로등하나 켜져 있지 않은 어두운 길이다.
언제 저렇게 암울한 길을 더듬대며 여기까지 왔는지
힘겹게 걸어온 저 길이 매섭게 몰아붙여나 보다.

세월은 소리 없이 흘러가는 것 같아도
그냥 지나치는 법이 없다.
반드시 그 흔적을 남기는 습성이 있다.
누가 살짝 손만 대도 선명한 자국을 드러낸다거나
뜨겁고 차가운 말에도 자주 몸에 금을 긋는 것만 봐도 그렇다.
세월은 몸을 통해 명줄을 이어가고 있었던 것이다.

오래 살수록 몸이 보내는 신호는 많다.
세월이 거름이 되었는지 몸 곳곳에 피어난 잡초들이
점점 제 영역을 넓히며 깊숙이 뿌리를 내리는 것도
기약 없는 만남과 이별의 길을 들락거렸던 흔적들이다.
한 생애가 그렇게 온갖 몸살을 앓으며 지나간다는 것을
몸이 말해 주고 있다.

7. 살아오면서 기뻤던 일들(언제였던가 ... ?)

8. 살아오면서 슬펐던 일들(그저 울음만 나왔었지 …)

9. 살아오면서 힘들었던 일들(응어리진 것들 …)

10. 살아오면서 이루지 못했던 일들(아쉬운 것들 ...)

11. 살아오면서 가장 기억에 남는 사람들과 그 이유

12. 살아오면서 미워했던 사람들과 그 이유

쉼터

인생을 되풀이 할 수 있다면

에리히 케스터너

다시 한 번 인생을 되풀이 할 수 있다면
열여섯 살이 되고 싶다.
그리고 그 이후의 일들은 모두 잊어버리고 싶다.
예쁜 꽃들을 따서 책갈피에 끼워 말리고 싶다.
문설주 뒤로 서서 키를 재어 보고 싶다.
학교로 가는 도중 빨강대문 파랑대문에서 동무를 부르고 싶다.
밤의 창가에 서서 별들을 헤아려 보고 싶다.
거짓을 말하는 상대에게 화를 내고 토라져서 닷새 동안 얼굴을 맞대고 싶지 않다.
다시 한 번 밤늦은 공원에서 키스하고 싶어도
얼굴을 돌리는 볼이 붉은 소녀와 산보를 하고 싶다.
문을 닫으려는 점방에 들어가 소녀와 나를 위해
2마르크 50페니로 쌍으로 된 가락지를 사고 싶다.
곡마단 구경을 하고 싶어 엄마를 조르고 싶다.
담배 피우는 원숭이를 보고 싶다.
머리가 둘인 황소를 보고 싶다.
첨 만져 본 여자의 가슴이 너무 부드러워 깜짝 놀라고 싶다.
열여섯 살에 있었던 일을 다시 한 번 해보고 싶다.
그보다 나중에 있었던 일들을 고무지우개로 모두 지워버리고 싶다.
다시 한 번 인생을 되풀이 할 수 있다면
열여섯 살이 되고 싶다.

13. 특별한 기억들을 회상(回想)해 보세요.

(예) - 10세까지 : 6남매의 5번째. 위로는 오빠 넷, 아래로는 여동생 하나. 많은 사랑을 듬뿍 오빠들로부터 받았음.

- 20세 전후 : 큰 올케(오빠부인)가 잘못 들어와 가정불화가 시작되었음. 많이 노릇을 했어야 했음.
- 30세 전후 : 좋은 남편의 사랑으로 삼형제를 두고 다복하게 지냈음.
- 50세 : 남편의 친구 분으로 인해 가정에 어려움이 생겼음. 곁들여 남편의 병(간암)으로 고생.
- 60세 : 나름대로 세 아들 결혼시킴. 착한 심성으로 잘 살고 있으니 마음이 안정됨.
- 70세 : 노후를 잘 살 수 있는 경제력은 넉넉지 않으나 착한 세 아들, 세 며느리, 손자손녀 넷, 건강 축복과 하나님의 사랑을 많이 받고 있음.

- 10세	
- 20세	
- 30세	
- 40세	
- 50세	
- 60세	
- 70세	
- 80세	

14. 회상(回想)을 토대로 인생그래프를 작성해 보세요.

지금까지 여러 가지 다른 인생을 살았을지라도, 마지막 여행이 아름다우면 아름다운 인생이 되는 것입니다. 아름다운 여행을 하기 위해서, 앞쪽의 특별한 기억들에 대한 회상(回想)을 토대로, 지금까지의 여행의 여정(旅程)을 되돌아보세요.[5]

예시) 인생그래프

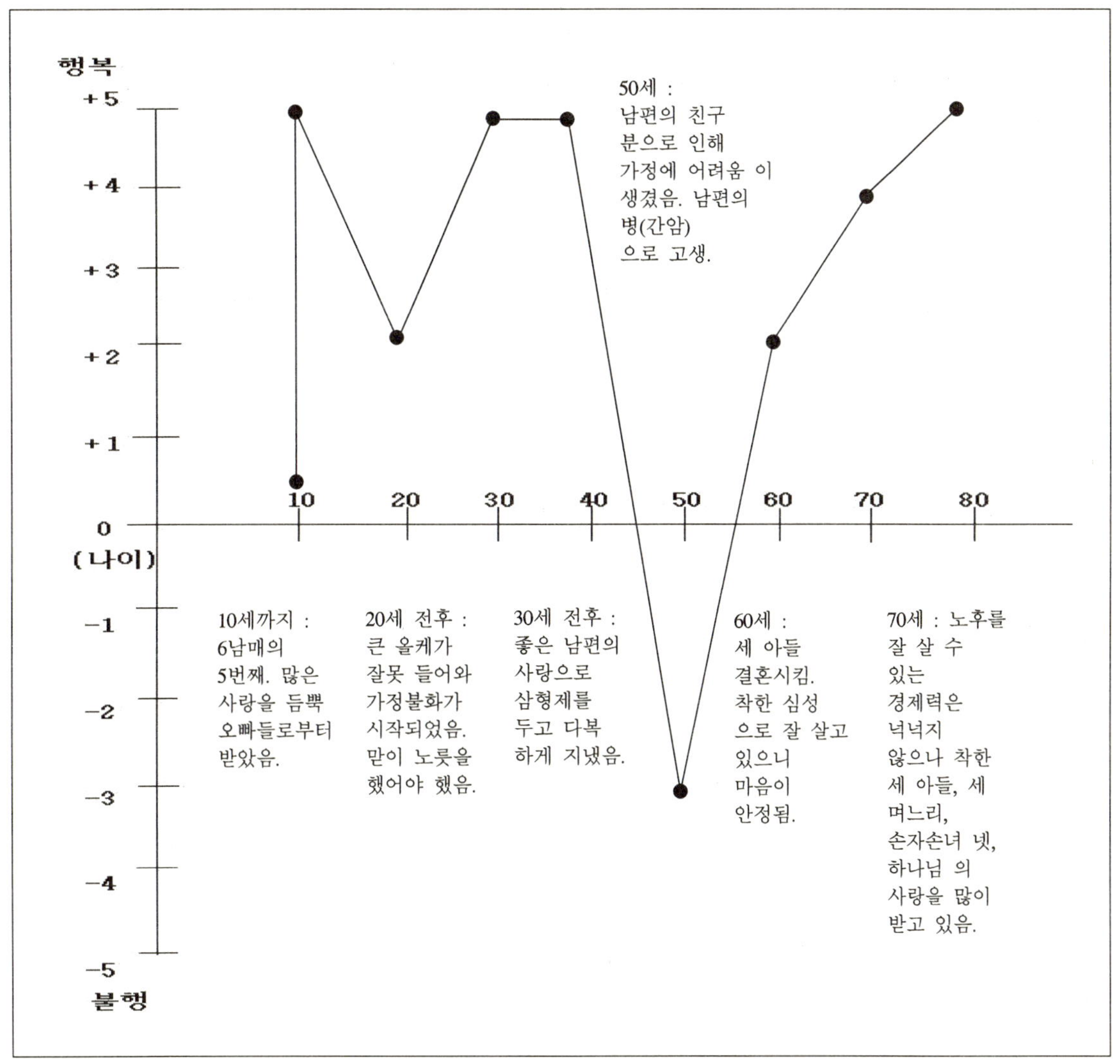

5) 각당복지재단, 『웰다잉 전문지도 강사 매뉴얼』, 142쪽 참조 ; 각당복지재단, 『웰다잉 교육 매뉴얼』, 101쪽 참조.

예시) 인생 그래프(설명용)

◆ 회상과 명상

우리는 지금껏 오랜 세월을 살아왔다고 생각합니다. 그런데 정작 그 동안의 나의 인생을 되돌아보면서 그간의 슬픈 일(불행), 기쁜 일(행복)들을 차분히 정리해 본 적이 과연 있었습니까? 사실 나에게도 분명 갓난아기 적 시절이 있었고, 연인의 목소리에 설레었던 꽃 같던 시절이 있었습니다. 실연(失戀)을 당하고 세상이 끝난 것처럼 의기소침하기도 했지만, 다른 더 좋은 사람을 만나서 알콩달콩 백년가역을 맺기도 했습니다. 그 후로도 많은 일들이 있었고, 앞으로도 또 많은 일들이 우리를 기쁘고 슬프게 할 것입니다.

자, 여러분!! 지난 나의 인생을 되돌아보고 앞으로 남아 있는 나의 멋진 삶을 준비해 보기로 합시다.

◆ 목적

지난날의 자기 모습을 되돌아보며 현재의 모습을 바로 이해하고 앞으로의 멋진 삶을 준비한다.

◆ 작성 방법

어릴 적부터를 회상하며 슬픈 일, 기쁜 일, 화났던 일들을 나이 대별로 점을 찍어 표시하고 선으로 연결하여 그래프를 그려보세요. 현재 자신의 나이 이후에 대해서는 앞으로 일어날 것으로 예상되는 일들을 표시해보세요.

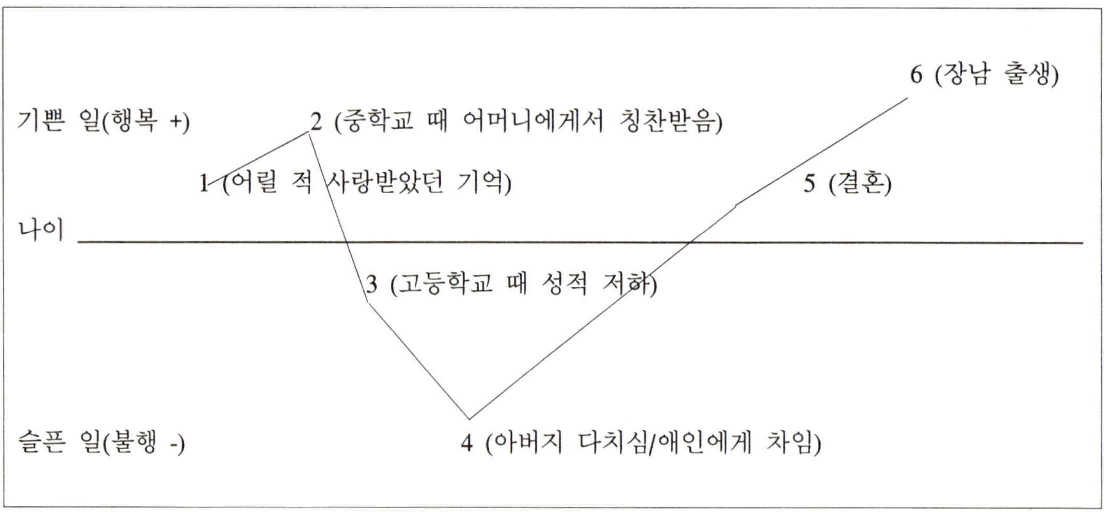

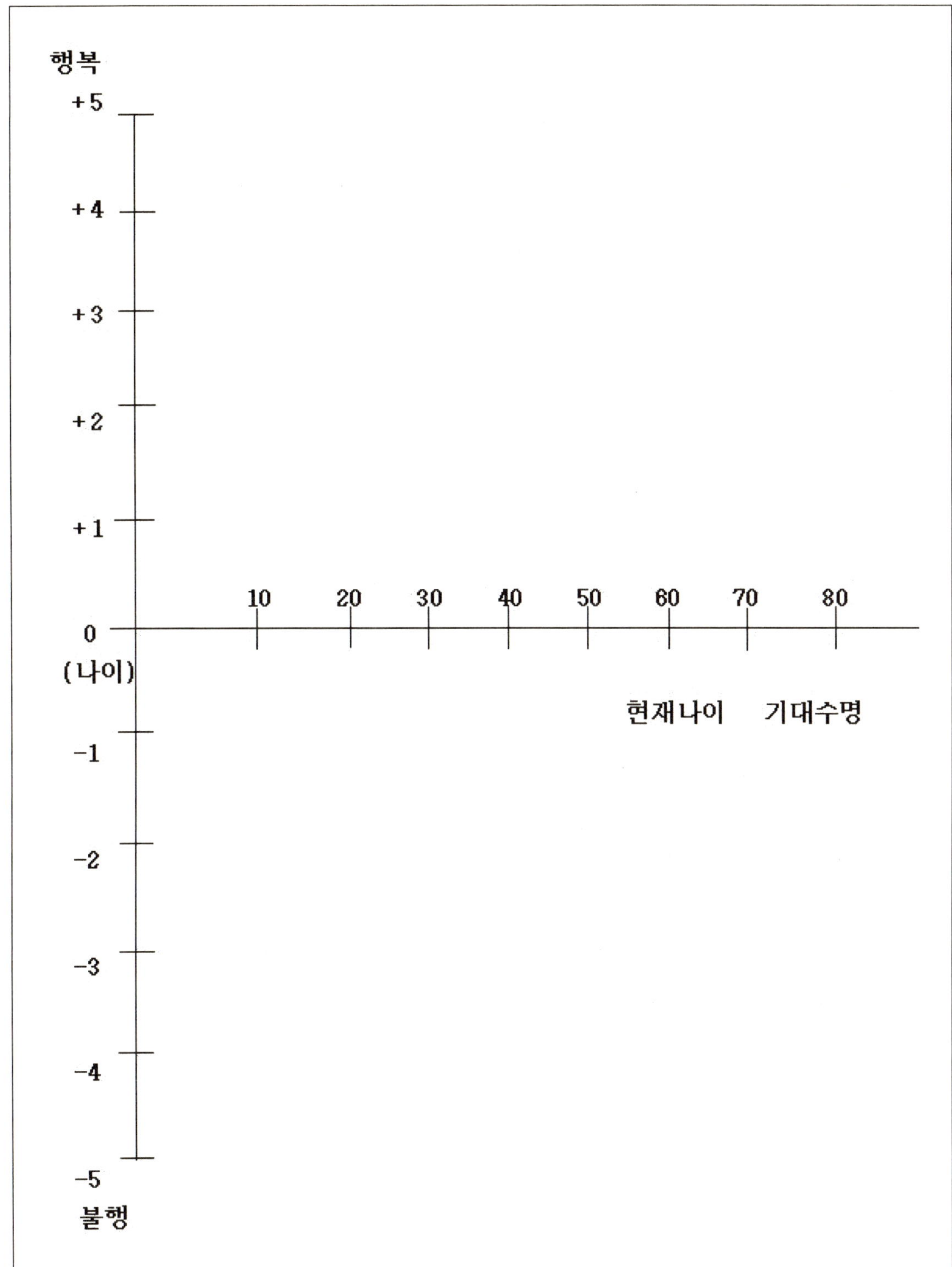
행복
+5
+4
+3
+2
+1
10
20
30
40
50
60
70
80
0
(나이)
현재나이
기대수명
-1
-2
-3
-4
-5
불행

쉼터

담 쟁 이[6]

도 종 환

저것은 벽
어쩔 수 없는 벽이라고 우리가 느낄 때

그때
담쟁이는 말없이 그 벽을 오른다.

물 한 방울 없고 씨앗 한 톨 살아남을 수 없는
저것은 절망의 벽이라고 말할 때
담쟁이는 서두르지 않고 앞으로 올라간다.

한 뼘이라도 꼭 여럿이 손을 잡고 올라간다.
푸르게 절망을 다 덮을 때까지
바로 그 절망을 잡고 놓지 않는다.

저것은 넘을 수 없는 벽이라고 고개를 떨구고 있을 때
담쟁이 잎 하나는 담쟁이 잎 수천 개를 이끌고
결국 그 벽을 넘는다.

---

6) 「담쟁이」는, 인생을 살면서 어렵고 힘들어 좌절할 때 담쟁이와 같이 절망의 벽을 넘을 수 있도록 도전과 희망을 들려줌으로써, 우리나라 국민이 애송하는 시가 되었다.

15. 화해와 용서의 편지

회상(回想)여행 속에는 아픔과 고통이 있게 마련입니다. 그런데 그 속에는 사람들과의 풀지 못한 관계가 들어 있습니다. 그리하여 마지막 여행이 가장 아름답기 위해서는, 이러한 풀지 못한 관계의 끈을 푸는 것(解冤)이 중요합니다. 즉 화해(和解)하고, 용서(容恕)하고, 그리고 감사(感謝)의 마음을 전달해야 합니다.

1) 나 자신에게 쓰는 화해와 용서의 편지 :

예시)

사랑하는 ○○ 에게

참 오랜만이네. 너에게 편지를 쓰는 것은 내 인생에 처음인 것 같아. 그동안 많이 힘들었지? 나는 나 자신을 참 많이 사랑하지 못했던 것 같아. 그 동안 미안했네. 외모, 학력, 환경, 무엇보다 나 지신에 대해 자심감이 없었다는 것을 난 잘 알아. 그래서 남과 끊임없이 비교하고, 자책하고, 정죄하고, 실패하고, 스트레스 받으며 나의 몸을 돌보지 않고 살아왔던 나를 용서해 주길 바래.

그리고 이렇게 힘든 와중에도 끝까지 함께 해주고, 지금까지 네게 입힌 상처들을 조금씩 치유하면서 함께 해줘서 고맙고, 지금의 나를 용서해줘서 고마워. 앞으로는 더 잘하도록 약속할게. 우리 서로 더욱 사랑하고, 기도하고, 용서하면서 마지막 인생 여행을 아름답게 마무리하길 바래. ○○야 파이팅!!! <'Soccer & Book Holic Mr. KimUTang (con IT)' 블러그[7]>

1)

7) 인터넷홈페이지 통합검색 '나에게 쓰는 편지' 재인용http://kjh82825.blog.me/140135090300

2) 타인(1 부모, 2 스승, 3 형제, 4 배우자, 5 자녀, 6 친척, 7 친구 등)에게 쓰는 화해와 용서의 편지 :

예시)

사랑하는 아들 ○○ 에게

○○야. 너에게 참 오랜만에 편지를 쓰는구나. 아버지는 네가 내 아들이라는 것을 항상 자랑스럽게 생각하고 있단다. 멀리 떨어져 지내다가 온다는 소식을 들었을 때는 언제나 내 마음이 설레고 기뻤단다. 내가 표현을 잘 하지 못해서 내 마음이 항상 너에게 전해지지 못하는 것 같구나. 그래도 마음만은 알아줬으면 좋겠다. 그리고 아버지로서 너에게 못해주는 게 너무 많아 미안하다. 또 우리가 가족으로 살면서 너에게 무섭고, 권위적으로 대해서 본의 아니게 상처를 준 것에 대해 용서를 빈다. 아버지를 용서해다오.

나를 바라보는 너와 가족들에게 '내가 아버지로 할 수 있는 게 무엇일까?'라는 생각을 하는데, 그것은 네가 평안한 삶이 되도록 기도하는 것이고, 나 자신 또한 너와 대화를 많이 해야 한다는 생각이 드는구나. 항상 건강하고, 네 가정도 화목하게 하는 아들이 되길 바란다.

<김진수 목사 '아들에게 보내는 편지 중에서'[8]>

1)

8) 늘푸른장사문화원, 『노년기의 품위 있는 삶과 품위 있는 죽음 준비교육』, 18쪽 참조.

2)

3)

4)

5)

6)

7)

16. 감사의 편지(1 부모, 2 스승, 3 형제, 4 배우자, 5 자녀, 6 친척, 7 친구 등)

감사는 경이로움과 고마움을 느끼면서 삶 자체를 감상하는 하나의 정서입니다. 그리하여 고마움을 아는 사람은, 자신에게 일어난 일을 늘 기쁘게 생각하며, 항상 고마움을 전할 시간을 마련합니다.

[감사도 검사표]

아래 수치기준을 참고로 각 진술문항 앞의 빈칸에 당신의 생각과 비슷한 수치를 써 보세요.9)

1 = 전혀 아니다. 2 = 아니다. 3 = 그렇지 않은 편이다. 4 = 보통이다. 5 = 그런 편이다. 6 = 그렇다. 7 = 정말 그렇다.
_____ 1. 나는 감사해야 할 것이 아주 많다. _____ 2. 만일 내가 고맙게 여기는 것들을 모두 작성하면 아주 긴 목록이 될 것이다. _____ 3. 세상을 둘러볼 때, 내가 고마워할 것이 별로 없다. _____ 4. 나는 각계각층의 많은 사람들에게 고마움을 느낀다. _____ 5. 나이가 들수록 내 삶의 일부가 되어 온 사람, 사건, 상황들에 감사하는 마음이 더 커지는 것을 느낀다. _____ 6. 오랜 시간이 흐른 뒤에야 비로소 나는 사람이나 일에 고마움을 느낀다.
<점수 계산법> 1. 항목 1, 2, 4와 5의 점수를 모두 더한다. 2. 항목 3과 6의 점수를 역산한다. 즉 만일 검사지에 7이라고 썼다면 당신의 점수는 1이 되고, 6이라고 썼을 경우에는 당신의 점수는 2가 되는 식이다. 3. 항목 3과 6을 역산한 점수를 1번의 합계와 더한다. 이것이 바로 당신의 감사도 점수, 즉 감사지수이다. 최종점수는 6에서 42점 사이가 되어야 한다.

9) 마틴 셀리그만, 김인자 역. 『긍정심리학-진정한 행복 만들기』, 물푸레, 2007. 124~126쪽 참조.

예시)

사랑하는 형님께

형님, 전화도 자주 드리지 못하고 죄송해요. 이렇게 편지를 쓰는 것도 너무 오랜만이라 조금은 어색하네요. 아버지가 엄하셔서 아버지의 사랑을 많이 받지 못한 저로서는 형님이 제게 항상 아버지 같은 존재였어요. 제가 잘못했을 때는 무섭게 혼내시기도 하셨지만, 힘들어 하거나 외로워 할 때는 언제나 따뜻하게 위로도 해 주셨지요. 이승을 떠나며 마지막으로 형님께 감사의 마음을 전합니다.

1)

2)

3)

4)

5)

6)

7)

17. 사랑의 편지

사랑은 주는 것입니다. 사랑의 마음을 주는 것은 언어에서, 대화에서, 눈짓이나 손짓에서 그리고 행동에서 자연스럽게 나타납니다.

사랑은 참는 것입니다. 부부가 일생을 행복하게 살아가는 일은 오직 참는 데에 있습니다. 참는다는 것은 감정을 감추어서 길게 가는 것을 말합니다. 인내라는 말과 같습니다. 굴복하는 것보다 한 단계 높은 차원에서 마음과 생각을 억누르는 것을 말합니다. 신혼부부가 참는 것을 사랑이라고 말한다면, 부부 해로하는 이들의 행복한 생활은 오래 참는 데에 그 비결이 있습니다.

사랑은 영원한 것입니다. 부부가 자식을 사랑하는 것도 영원한 것이며, 또한 부부의 사랑 역시 영원한 것입니다. 땅위에서의 삶이나 영원한 하늘나라에서의 삶도 영원한 것입니다. 세상을 떠나가시는 분이나 보내는 이들이나 사랑은 아름답고 영원한 것입니다.[10)]

[1 부모, 2 스승, 3 배우자, 4 형제, 5 자녀, 6 친척, 7 친구 등에 대한 사랑의 편지]

예시)

사랑하는 아내 ○○ 에게

당신에게 처음을 편지를 씁니다. 세월이 참 많이 흘렀소. 당신을 만나 가정을 꾸리고, 매 순간 최선을 다해 살았지만 지금 생각해보면 남편의 역할에 많이 서툴렀던 것 같아요. 나는 늘 세상 속에서 치열하게 살아가는 것이 가장으로서 최선을 다하는 것이라고 여겼어요. 그런 나를 바라보며 항상 당신의 마음은 외로웠겠죠. 이제야 알게 되었어요. 미안하게 생각해요. 그리고 자녀들이 벌써 중년을 바라보는 나이가 되었네요. 때로는 어머니로, 때로는 아내로, 때로는 나의 조력자로 긴 세월을 함께 해 준 당신. 정말로 사랑하고 고마워요. 이렇게 나이가 들어서야 당신의 소중함을 알게 되었네요.

이제는 우리에게 남은 시간이 그리 많지 않을 거요. 그것이 몇 년이든 며칠이든 우리 상관하지 말고, 끝까지 함께 행복하게 서로 아끼며 살아갑시다. 당신이 옆에 있어서 행복합니다. 당신을 사랑합니다.

---

10) 늘푸른장사문화원, 『노년기의 품위 있는 삶과 품위 있는 죽음 준비교육』, 2012, 24쪽 참조.

1)

2)

3)

4)

5)

6)

7)

쉼터

내 인생에 가을이 오면

내 인생에 가을이 오면
나는 나에게 물어볼 말이 있습니다.

내 인생에 가을이 오면
나는 나에게 사람들을 사랑했는지에 대해서 물을 것입니다.
그 때 가벼운 마음으로 말할 수 있도록 나는
지금 많은 이들을 사랑해야겠습니다.

내 인생에 가을이 오면
나는 나에게 열심히 살았느냐고 물을 것입니다.
그 때 자신 있게 말할 수 있도록 나는
지금 맞이하고 있는 하루하루를 최선을 다해 살아가야겠습니다.

내 인생에 가을이 오면
나는 나에게 사람들에게 상처를 준 일이 없었느냐고 물을 것입니다.
그 때 얼른 대답하기 위해 나는
지금 사람들에게 상처 주는 말과 행동을 하지 않아야겠습니다.

내 인생에 가을이 오면
나는 나에게 삶이 아름다웠느냐고 물을 것입니다.
그 때 기쁘게 대답하기 위해 나는
지금 내 삶의 날들을 기쁨으로 아름답게 가꿔가야겠습니다.

내 인생에 가을이 오면
나는 나에게 어떤 열매를 얼마만큼 맺었느냐고 물을 것입니다.
그 때 자랑스럽게 대답하기 위해 나는
내 마음의 밭에 좋은 생각의 씨를 뿌려
좋은 말과 행동의 열매를 부지런히 키워야겠습니다.

18. 지나 온 인생을 되돌아볼 때 느끼는 생각과 감회(感懷)

쉼터

무엇이 성공인가

R. W. Emerson

자주, 그리고 많이 웃는 것

현명한 이에게서 존경을 받고
아이들에게서 사랑을 받는 것

정직한 비평가의 찬사를 듣고
친구의 배반을 참아내는 것

아름다움을 식별할 줄 알고
다른 사람에게서 최선의 것을 발견하는 것

건강한 아이를 낳든
한 뙈기의 정원을 가꾸든
사회 환경을 개선하든

자기가 태어나기 전보다
세상을 조금이라도 살기 좋은 곳으로
만들어 놓고 떠나는 것

자신이 한 때 이곳에 살았음으로 해서
단 한 사람의 인생이라도 더 행복해지는 것

이것이 진정한 성공이다.

현재의 나(我)와 이제부터의 나(我)

현재의 나[11]

현재의 취미는 무엇입니까?

좋아하는 TV 프로는 있습니까? 프로그램명과 좋아하는 이유를 써 주세요.

좋아하는 영화는 있습니까? 영화 명(名)과 좋아하는 이유를 써 주세요.

어떤 음악을 좋아합니까? 곡명(曲名)과 작곡자, 가수의 이름 등도 있으면 써 주세요.

현재 하고 있는 운동이 있습니까?

가입된 동아리나 모임이 있다면 써 주세요.

11) 公益社,『旅立ちの準備ノ-ト』, 東京, 12~13쪽 참조.

이제부터의 나

이제부터 해 보고 싶은 것을 택해 주세요(복수 선택도 가능).

□ 여행을 가고 싶다. (여행지 :)

□ 건강에 대하여 생각해 보고 싶다.

□ 자원봉사를 해보고 싶다. (구체적으로 :)

□ 요리를 배우고 싶다.

□ 컴퓨터를 잘 하고 싶다.

□ 자격증을 따고 싶다. (구체적으로 :)

□ 노래, 시(詩) 등을 배우고 싶다.

□ 사진을 시작하고 싶다.

□ 원예를 시작하고 싶다.

□ 댄스를 배우고 싶다.

□ 그림을 배우고 싶다.

□ 그 외 (구체적으로 :)

이제부터의 인생의 꿈을 써 주세요.

남은 인생 설계

남은 인생의 가치관 :

남은 인생의 목표 :

인생 목표의 실천 방법 :

쉼 터

청 춘[12)]

사무엘 울만

청춘이란
인생의 어떤 기간이 아니라 마음가짐을 말한다.
장밋빛 뺨, 붉은 입술, 나긋나긋한 자태가 아니라
강한 의지, 풍부한 상상력, 불타오르는 정열을 가리킨다.

청춘이란
인생의 깊은 샘의 청신함, 두려움을 물리치는 용기,
안이함을 뿌리치는 모험심을 의미한다.

때로는 20세 청년보다도 60세 인간에게 청춘이 있다.
나이를 더해가는 것만으로 우리가 늙는 것은 아니다.
이상을 잃어버릴 때 우리는 비로소 늙는다.

세월은 우리의 주름살을 늘게 하지만
열정을 가진 마음을 시들게 하지는 못한다.

근심, 두려움, 자신감 상실 때문에 기력이 땅으로 들어갈 때
비로소 마음은 시들어 버린다.

---

12) 이 詩는 세계 제2차 대전이 끝난 후, 미 극동군사령관이던 맥아더장군이 그의 방에 걸어 놓고 늘 애송하던 시(詩)이다.

60세든 16세든 인간의 가슴에는 경의에 이끌리는 마음,
어린애와 같은 미지에 대한 탐구심,
삶에서 환희를 얻고자 하는 열망이 있는 법이다.

그대와 나의 가슴 속에는 이신전심의 무선국이 있어
인간과 신, 그 모든 것으로부터 오는 메시지를 받아들인다.
아름다움, 희망, 기쁨, 용기, 영원의 세계에서 오는 힘의 메시지를.
이 모든 것을 받아들이는 한 언제까지나 그대는 젊다.

영감이 끊어져, 정신이 냉소라는 눈에 파묻히고
비탄의 얼음에 갇힌 사람은
비록 나이가 20세라도 이미 늙은이와 다름없다.

그러나 머리를 높이 치켜들고 희망이라고 하는 높은 파도를 탈 수 있는 한,
그대는 80세일지라도 영원히 청춘으로 남을 것이다.

쉼 터

우리들 인생은 일흔 살부터[13)]

1. 우리들의 인생은 일흔 살부터
마음도 몸도 왕성합니다.
칠십에 우리를 모시러 오면
지금은 안 간다고 전해 주세요.

2. 우리들의 인생은 일흔 살부터
언제나 생글생글 웃고 삽니다.
팔십에 우리를 모시러 오면
아직은 빠르다고 전해 주세요.

3. 우리들의 인생은 일흔 살부터
아무 것도 불만은 없이 삽니다.
구십에 우리를 모시러 오면
재촉하지 말라고 전해 주세요.

4. 우리들의 인생은 일흔 살부터
언제나 감사하며 살아갑니다.
백세에 우리를 모시러 오면
서서히 간다고 전해 주세요.

---

13) 늘푸른장사문화원, 『노년기의 품위 있는 삶과 품위 있는 죽음 준비교육』, 2012, 38쪽 참조.

제2부

품위 있는 죽음(이별) 준비 [Well Dying]

죽음과 친숙해지기

- 인간적인 죽는 모습을 자연스럽게 보여주도록 하라.
- 행복한 일생도 불행한 일생도 일장춘몽이라고 생각하고 죽음에 대해서 너무 고민하지 마라.
- 죽음에 의해서 얻어질 수 있는 가능성을 최대한으로 행복하게 생각하라. 괴로움으로부터의 영원한 해방은 먼저 죽어간 사람들과 재회를 하는 것이다.
- 생명이 우리들에게 바람직한 것이라면 죽음 또한 우리들에게 불쾌한 것일리가 없을 것이다.
- 죽음은 생명을 창조하는 거장의 손에 의해 만들어졌기 때문에 숭고한 것이다.
- 죽음은 현세의 귀찮음과 피곤함에서 벗어나는 하나의 구원으로 생각하면 된다.
- 자신의 생명, 사랑, 선의 등을 남기고 싶다고 생각한다면 헌체(獻體 : 죽은 뒤 시신을 남을 위해 헌정하는 것)하는 것이 좋다.
- 자신의 죽음에 의해서 남겨진 사람들에게 기쁨을 주도록 하라.
- 죽음은 인간 삶의 마지막 완성을 위해 주어진 선물이다. 그것을 훌륭하게 받아들일 수 있는 것도 노인 밖에 없다.
- 그렇다고 죽음을 서두르지는 마라. 인생의 의미는 언제 발견될지 모른다. 최후의 날에 그 해답이 주어질지도 모르는 일이다.[14)]

14) 늘푸른장사문화원, 『노년기의 품위 있는 삶과 품위 있는 죽음 준비교육』, 2012, 40쪽 참조.

* <죽음>이라는 단어와 친숙하게 동행하고 있나요?

* 만약 그렇지 않다면, 동행을 방해하는 요소는 무엇인가요?

* 나의 죽음은 어떤 단어로 나타날까요?
[내가 죽었을 때 나를 알고 있는 이들은 나의 죽음을 어떻게 말할까]

참고 : 돌아가시다. 운명하시다. 순직하시다. 사망하시다. 열반에 드시다. 서거하시다. 소천하시다. 영면하시다. 미소를 머금고 가시다. 고이 잠드시다. 호흡을 멈추시다. 유명을 달리하시다. 아까운 분이 가시다. 요절하시다. 객사하시다. 최후를 마치시다. 승천하시다. 잘 갔다. 죽었다. 뻗었다. 잘 뒈졌다. 축(祝) 사망 등

쉼터

죽음은 마침표가 아닙니다15)

김소엽

죽음은
마침표가 아닙니다.
죽음은
영원한 쉼표,

남은 자들에겐
끝없는 물음표

그리고 의미 하나,
땅 위에 떨어집니다.
어떻게 사느냐는
따옴표 하나,

이제 내게 남겨진 일이란
부끄러움 없이 당신을 해후할
느낌표만 남았습니다.

15) 각당복지재단,『웰다잉 전문지도 강사 매뉴얼』, 38쪽 참조.

나의 사망기(記) :

<나의 사망기>는 자신을 3인칭으로 하여 사망기사(부고)를 작성해 봄으로써 죽음의 자리에서 자신의 삶을 객관적으로 돌아보는 죽음준비교육의 한 과정입니다. 나의 사망나이를 예측해 볼 수도 있고, 또한 나의 남은 삶(Life)을 어떻게 웰다잉(Well Dying)할 것인가를 그려 볼 수도 있는, 아주 좋은 기회입니다.[16]

예시)

나의 사망기(記) :

○○○는 어제 85세를 일기로 세상을 떠났다. 그의 사망 원인은 노환, 심장바미, 암이었다. 그의 남은 가족은 7명이며, 그는 향우회의 구성원이었다. 그는 사망한 그 때에 가족들의 찬송소리 듣기, 염불, 가족들과 인사, 봉사활동, 물건 정리, 목욕을 하고 있었다. 그를 아는 사람들은 그를 약속을 잘 지키는 사람, 정직하고 틀림없는 사람, 알뜰하고 생활력 강한 사람, 자식 잘 키워 낸 사람, 어려운 생활 속에서도 웃음을 잃지 않고 열심히 살다 간 사람, 유머가 넘치는 사람,... 이었다고 기억할 것이다. 그의 죽음을 가장 슬퍼할 사람은 아내, 큰 아들, 막내 딸,... 일 것이다. 그가 세상에 남긴 업적(?)은 가정 살림과 자녀 양육, 직장에서의 성취이다. 그의 시신은 매장, 화장, 시신기증으로 처리될 것이며, 장례식은 그의 유언에 따라 불교식, 기독교식, 천주교식으로 진행될 것이다.

16) 각당복지재단,『웰다잉 교육 매뉴얼』, 163쪽 참조.

나의 사망기(記) :

1) ________________ 는 어제 ________세를 일기로 세상을 떠났다.

2) 그의 사망원인은 ___________________________________이었다.

3) 그의 가족은 ____이며,
그는 ____의 구성원이었다.

4) 그는 사망한 그 때에 ____________________________을(를) 하고 있었다.

5) 그를 아는 사람들은 그를 ______________________________________라고
기억할 것이다.

6) 그의 죽음을 가장 슬퍼할 사람은 _________________________________일
것이다.

7) 그가 세상에 남긴 업적은 ____일
것이다.

8) 그의 시신은 ____처리될 것이며,
장례식은 그의 유언에 따라 ____로
진행될 것이다.

죽음준비교육 관련 평가지 1 :

죽음 인식 태도 설문(사전 검사지)[17]

<table>
<tr><td>

죽음에 대한 태도

</td></tr>
<tr><td>

1. 귀하는 죽음에 관하여 생각해 본 적이 있습니까?
① 전혀 없다 ② 드물게 있다 ③ 가끔 있다 ④ 자주 있다

2. 귀하는 죽음을 두려워 하십니까?
① 매우 두렵다 ② 두렵다 ③ 보통이다 ④ 두렵지 않다 ⑤ 기타 ( )

3. 귀하는 죽음과 관련하여 어느 것에 대한 걱정이 제일 크십니까?
① 죽음의 진행과정 ② 생을 마감하는 것 ③ 죽음 다음에 생기는 일
④ 가족과의 이별로 인한 슬픔과 상실 ⑤ 기타 ( )

4. 지금 죽음을 생각할 때의 마음과 가장 가까운 것은 무엇입니까?
① 평온함 ② 불안함 ③ 허탈함 ④ 분함 ⑤ 기타 ( )

5. 죽음은 귀하에게 무엇을 의미합니까?
① 내세 또는 평화로운 휴식 ② 모든 정신적 신체적 활동의 끝
③ 신비하고 알 수 없는 것 ④ 기타 ( )

</td></tr>
<tr><td>

죽음 불안 척도
(DAS[Death Anxiety Scale Test]:Templer(1970)가
죽음의 불안 정도를 측정하기 위하여 고안해 낸 측정도구)

</td></tr>
</table>

17) 각당복지재단, 『웰다잉 교육 매뉴얼』, 226쪽 참조.

다음 묻는 말에 대해서 옳다고 생각하시면 '○'표, 옳지 않다고 생각하시면 '×'표 하세요.			
내 용	번호	문 항	표시
죽음에 대한 인지, 정서적 반응	1	죽는다는 것이 너무 두렵다.	
	2	죽는다는 생각을 거의 하지 않는다.	
	3	다른 사람들이 죽음에 대해 이야기를 해도 신경쓰지 않는다.	
	4	죽은 뒤에 어떻게 될지 심히 걱정이 된다.	
	5	나는 죽는다는 것이 전혀 두렵지 않다.	
	6	죽는다는 것 때문에 마음이 불편해 지는 경우는 없다.	
	7	내가 앞으로 어떻게 될지 두렵다.	
시간의 흐름이 빠름에서 오는 불안	8	내가 암에 걸릴 것이라는 걱정을 전혀 하지 않는다.	
	9	시간이 너무 빨리 지나는 것 같아 걱정이다.	
	10	아주 고통스럽게 죽을까봐 걱정이다.	
	11	내가 심장마비로 죽을까봐 걱정이다.	
	12	인생이 너무 짧다는 생각이 자주 든다.	
	13	큰 전쟁이 일어날지도 모른다는 이야기를 들으면 몸서리가 쳐진다.	
신체적 변화에 대한 불안	14	죽은 사람의 시신을 보면 소름이 끼친다.	
	15	수술을 해야 하는 상황을 생각하면 무서워진다.	

죽음준비교육 관련 평가지 2 :

나는 죽음을 어떻게 이해하고 있는가 ?18)

아래의 각 문항을 읽고, 빈 칸에 자신의 생각을 적어보시기 바랍니다.

■ 사람이 죽는 것을 목격한 적이 있습니까?

- 내가 죽음을 처음 경험했던 나이는 ________________ 이다.
- 나의 첫 번째 죽음 경험은 ________________의 죽음이었다.
- 그 때 나는 ________________________ 한 느낌이었다.
- 내가 처음 참석했던 장례식은 ____________________의 장례식이었다.
- 장례식에 대한 나의 기억들은 __________________ 이다.

■ 가까운 사람의 죽음을 경험한 적이 있습니까?

- 내 친구나 동료가 죽었을 때 나의 느낌은 ____________ 했다.
  그 때 나는 ________________________ 한 생각을 했다.
- 나의 (조)부모님이 돌아가셨을 때 나는 ______________ 한 느낌이었다.
  그 때 나는 ________________________ 한 생각을 했다.
- 그/그녀/그들의 죽음은 내게 매우 커다란 의미가 있었다.
  왜냐하면 ______________________________ 때문이다.

■ 나의 죽음에 대해 생각해보셨습니까?

- 나는 내가 _______________ (언제) 쯤 죽을 것이라고 생각한다.
- 나는 죽을 때 ______ 한 상태에서 죽음을 맞이할 수 있으면 좋겠다.
- 나의 죽음 이후 나의 신체는 _______________ 처리되면 좋겠다.
- 나의 죽음 이후 나의 이름(명예/존재)이 ______ 하게 남기를 바란다.

---

18) 각당복지재단, 『웰다잉 교육 매뉴얼』, 228쪽 참조.

■ 죽음에 관한 논의

- 나는 죽음에 관한 대화를 (자주 나누는 편이다./거의 이야기하지 않는다.)
  그 이유는 ________________________________ 하기 때문이다.
- 초, 종, 고, 대학에서 죽음에 관한 교과목을(개설해야 한다./그럴 필요 없다.)
  그 이유는 ________________________________ 하기 때문이다.

■ 죽음에 대한 상상?

- 만일 당신이 영화 속에서 흔히 나오는, 죽음의 위기(에일리언, 아마겟돈, 죠스, 쥬라기 공원)에 처한다면 당신은 어떻게 하겠습니까?

- 당신이 가장 바람직하다고 생각하는 죽음의 방식은?(영화나 소설 속의 이야기를 예로 들어도 됨)

■ 죽음에 대한 직면

- 가장 충격적인 죽음-상실의 경험을 했던 것은 __________때였다.
- 나는 나 자신의 죽음 직면 경험을 한 적이 있는가? __________
- 그 때 나는 어떤 생각이었나? ________________________
  ____

■ 죽음에 대한 이해 (결론)

- "나, ________ 는 죽음을 ________________ 이라고 이해하고 있으며, 나와 내 주위의 의미 있는 사람들의 바람직한 죽음준비를 돕기 위해 ______________________ 한 준비를 하고 있다."

쉼 터

천(千)의 바람이 되어

가수 Rose 장(張)

그대여 울지를 말아요
내 무덤 앞에서 울지를 말아요
나는 그곳에 없어요
또한 나는 잠들지 않았어요
천(千)의 바람 되어 천(千)의 바람 되어
저 넓은 하늘로 날아가고 있어요

가을엔 빛이 되어
들에 곡식을 익게 하고
겨울엔 다이몬드 되어
반짝이는 눈(雪)이 되어
아침엔 새가 되어
당신을 눈뜨게 하고
저녁엔 별이 되어
당신을 지켜봅니다.

그대여 울지를 말아요
내 무덤 앞에서 울지를 말아요
나는 그곳에 없어요
또한 나는 잠들지 않았어요

죽음준비교육 관련 평가지 3 :

아름다운 나의 삶, 사랑 그리고 마무리[19)]

1. 나의 어릴 적 꿈은 무엇이었나요?

2. 나의 삶에서 가장 자랑스러웠던 일은 무엇이었나요?

3. 나의 삶을 되돌아 볼 때 감사하게 생각되는 일은?

4. 나의 삶 속에는 어떤 아픔과 갈등이 있었나요?

5. 내 삶에서 가장 후회스러운 일은 무엇인가요?

6. 내가 사랑하는 사람들을 모두 써 봅시다.

7. 내가 마지막으로 하고 싶은 일, 가보고 싶은 곳은?

8. 내가 죽는다면 나의 죽음을 가장 슬퍼할 사람은 누구인가요?

9. 나를 아는 사람은 나를 ______________________________

______________________________라고 기억할 것입니다.

10. 마지막으로 남기고 싶은 말은?(배우자, 자녀, 친구에게)

---

19) 각당복지재단, 『웰다잉 교육 매뉴얼』, 230쪽 참조.

 # 죽음준비교육 관련 평가지 4 :

존엄치료(Dignity Therapy)는 말기환자들의 존엄성을 지키기 위한 완화치료의 한 방법입니다. 즉 자신의 인생이 본인을 포함한 누군가에게 어떤 중요한 의미를 가진다는 사실을 깨닫도록 도와주는 치료기법입니다.

존엄치료를 위한 9가지 질문[20)]:

1. 당신의 인생에서 특히 기억에 남는 가장 소중하다고 생각하는 것은 어떤 것입니까? 당신이 가장 생기 있었던 때는 언제입니까?

2. 당신 자신에 대해 소중한 사람이 알아주거나 기억해 주었으면 하는 것이 있습니까?

3. 당신이 인생에서 맡았던 역할 중 가장 중요한 것은 무엇입니까? 그것이 왜 당신에게 중요하고, 당신은 그것을 어떻게 실행했다고 생각합니까?

4. 당신이 이룬 가장 중요한 성취는 무엇입니까? 무엇을 가장 자랑스러워합니까?

5. 소중한 사람에게 꼭 말해두거나 다시 한 번 이야기하고 싶은 것이 있습니까?

6. 소중한 사람에 대한 당신의 희망과 바람은 무엇입니까?

7. 당신이 인생으로부터 배운 것 중 다른 사람들에게도 전하고 싶은 것은 무엇입니까? 남기고 싶은 조언이나 지침은 어떤 것입니까?

8. 장래에 소중한 사람에게 도움이 되도록 남기고 싶은 말 또는 당부 등이 있습니까?

9. 이 영구적 기록을 남기면서 꼭 포함시키고 싶은 다른 것이 있습니까?

---

20) 동아일보, 2011.11.19일자 참조.

쉼터

사랑 너는 내 운명[21)]

어느 날 찾아 온 말기 암 판정,

그녀가 죽을 것을 알면서도
아내로 맞이하였습니다.

그녀가 삭발하기 전날
그도 처음으로 머리를 밀고,

감기라도 걸리면 큰일이지만
결혼반지를 사기 위해 세상 밖으로 나갔습니다.

웨딩 사진을 찍기 전에
영정사진을 찍었습니다.

사랑에는 시한부가 없음을 알려준 당신
고맙습니다.

당신 덕분에
사랑을 알고 갑니다. 〔MBC 휴먼다큐 공익광고〕

마지막 편지

내가 하고 있는 것이 사랑이라면
내 생이 짧다 하더라도
남들보다 더 뜨거운 마음으로
사랑을 했었다고 말할 수 있을 것 같아요.

그리고 내 생애가 자기로 인해
전혀 초라하지 않고
아름다울 수 있었다고 ...

당신이 아니었다면
볼품없이 사라졌을 꽃송이가
당신으로 인해 꽃이 피고 아름다워질 수 있었다고 ...

고마워요
처음 만난 그 날부터 지금까지

사랑해요
아주 뜨거운 가슴으로 ... 〔이 마지막 편지를 남긴 후 서영란씨는 사망 ... 〕

---

21) MBC 휴먼다큐 <사랑 너는 내 운명>에 소개된 장창원 씨와 고(故) 서영란 씨의 실화.

죽음 성찰

죽음의 개념

죽음에 대한 의미는, 문화와 연령, 건강, 인지능력, 개인의 발달 특성과 생활 상황 등에 따라 달라질 수 있기 때문에 죽음을 한 마디로 정의하기는 쉬운 일이 아닙니다. 그러나 기존의 연구에 나타난 죽음의 정의를 종합해보면, **<죽음(Death)>**이란 **<살아 있는 상태의 종결>**을 의미하는 것으로, **<죽어가는 과정(Dying)이 끝남>**을 의미합니다.[22]

<죽어가는 과정(Dying)>이란 넓은 의미로는 **<출생의 순간부터 시작되는 삶의 과정 전체를 아우르는 과정>**으로서, 죽어가는 개인은 물론 주변의 사회 환경에 의해서도 영향을 받을 수 있는 과정입니다. 그러나 좁은 의미로는 **<죽어가는 과정(Dying)>**이란 **<다시 삶을 회복할 수 있는 가능성이 희박한 상황에 놓여진 상태>**를 의미합니다. 보통은 좁은 의미의 정의가 일반적으로 받아들여지고 있는 실정입니다.[23]

<죽어가는 과정(Dying)>이 종결되어 죽은 상태로 전환되는 것을 **<죽음(Death)>**이라고 말할 수도 있습니다. 말하자면 **<죽음(Death)>**이란 유기체가 생존능력을 상실해가는, 즉 죽어가는 과정이 종결되어 죽은 상태로 전환되는 전이과정의 결과물이라 할 수 있는 것입니다.[24]

---

22) Kastenbaum, R.(1966). Death and Dying, *Encyclopedia of Geronotology*, vol.1, 361f쪽. 재인용.
23) 늘푸른장사문화원, 『노년기의 품위 있는 삶과 품위 있는 죽음 준비교육』, 2012, 30쪽 참조.
24) Kass, L R. (1971), Death as an Event : A Community on Robert Morison, *Science*, vol. 173. 699쪽. 재인용.

쉼터

경기 상여소리 중

불쌍하다 인생살이 세상일을 생각허니,
우리부모 날기를 때 어떤 공으로 길러냈나
겨울이면 추울세라 덮은 데다 또 덮어주고,
여름이면 더울세라 모기 문 데 물릴세라
다 떨어진 설렁부채로 흔들흔들 부처주면,
애지중지 키운 우리네 은혜 못 갚어 어이하나
어이 가나 어이 가나 눈물가려서 어이가나,
정든 고향 등에다 두고 어이허여서 내가가나
불쌍하다 가는 인생 눈물가려서 어이가나,
우리무모 날기를 때 옥이야금이야 길러낼 때
쓰디쓴 것은 엄마 먹고 단 것 골라 날 먹이며,
차디 찬 진자리 엄마가 눕고 마른 자리를 나를 눕혀
금이야 옥이야 세상에서 없는 자식으로 알았지만,
어이 가나 어이 가나 은혜도 못 갚고 어이가나
불쌍하고 가련허다 인생 백년 불쌍허지,
우리네 인생 생겨나서 세상 밖에 태어날 때
청렴결백 굳은 결심 모두 자손에게 전해주고,
북망산천길 갈려더니 할 일을 못하고 어이가나
여보시오 동포님네 이내한 말 들어보소,
가는 나는 가거니와 우리 철모르는 어린 자식
누구에게 전장을 허고 내가 이 세상 떠나가나,
가는 나는 싫지 않으나 어린 처자식 어이하나
눈물 난다 눈물 난다 인생하직 생각허니,
노자 없이 이가면 빈손 들고 어이가나
배고픈 허리 졸라매고 알뜰살뜰 모은 재산,
먹고 가나 쓰고 가나 빈손 들고 어이가나
이 한길을 한번 가면 노잣돈이나 보태주오,
잘들 사오 잘들 사오 부귀공명 누려 놓고
가는 나는 가거니와 고향산천 여러분들,
재잔 없고 우환 없이 모두 모두들 잘들 사오

노년기의 이해

 # 신체적(생리적) 특성 :

- 뼈밀도 저하(골다공증), 근육의 힘 저하, 심장 약화, 폐활량 저하
- 체온유지능력 저하(적정온도유지 필요), 소화기능 저하
- 수면패턴 변화, 전립선 비대(소변 횟수 증가 : 화장실 근접 방 필요), 요실금
- 시력 저하(노안, 백내장), 청력 저하, 미각 후각 둔화(짠 음식 조심, 가스밸브 조심)

 # 심리적 특성 :

- 지적 기능 변화(기억력 감퇴, 건망증 심화, 치매)
- 성격 특성 변화(우울증 경향, 융통성 대신 경직성 증가[옹고집], 과거 회상, 자기중심 경향)

 # 사회적 특성 :

- 지위와 역할의 변화(퇴직인 신분, 가장의 역할 상실)
- 경제적 신체적 의존(뇌졸중, 치매 등)

 # 특히 어르신들에게 커다란 스트레스 유발사건

- 배우자 사망(질병, 우울증, 건강 상실 등)
- 황혼 이혼
- 주거 공간 이전(심리적, 신체적 스트레스) [25]

 # 그렇지만 노년기 : 정신적으로는 성(완)숙기의 단계

 # 정신적 특성 : 에릭슨(Erikson)의 인간발달 8단계(심리, 사회적 이론)

- 인격 형성 : 인간관계 등 사회적 발달에 초점을 맞추어 일생동안 이루어짐.

25) 각당복지재단, 『웰다잉 전문지도 강사 매뉴얼』, 19쪽 참조.

제1단계 : 유아기-기본적 신뢰감 대 불신감(출생~생후1년, 구강기, “희망”)
제2단계 : 초등아동기-자율성 대 수치심 및 의심(2~3세, 항문기, “의지”)
제3단계 : 유희기(후기아동기)-주도성 대 죄책감(4~5세, 남근기, “목적”)
제4단계 : 학령기-근면성 대 열등감(6~11세, 잠복기, “능력”)
제5단계 : 청소년기-자아정체감 대 역할 혼란(12~18세, 생식기, “충성심”)
제6단계 : 초기 성인기-친밀감 대 고립감(18~45세, 성인기, “사랑”)
제7단계 : 중년기-생산성 대 자기 침체감(45~65세, 성인 중기, “보살핌”)
제8단계 : 노년기-자아통합감 대 절망감(65세 이후, 성인 후기, “지혜”)

- 자아통합감(Ego integrity) : 자신의 일생을 후회 없이 수용하고 현재 생활에 만족하며 과거, 현재, 미래 간에 조화된 견해를 가지고 궁극적으로는 죽음에 대한 공포가 없는 상태로서, 이는 한 개인이 노년기로 접어들면서 사회로부터 습득하도록 요구되어지는 기술과 능력에 대한 성공적인 적응의 결과입니다.
  따라서 노인은 신체, 사회, 심리적으로 건강한 노년을 위하여 자신의 생을 수용하고 존중해야 할 뿐만 아니라, 다가오는 죽음을 긍정적으로 맞이해야 하는 과업을 가지고 있으며, 이 과업 수행을 위해 노인의 자아통합은 매우 의미가 큰 개념입니다.

- 자아통합의 효과 :
* 자아통합이 높은 사람 : 과거 인생 경험에 잘못이 있더라도 그것을 긍정적인 태도로 보며, 포기의 미덕과 지혜(Wisdom)를 지닙니다.
* 자아 통합을 달성한 사람 : 성숙함을 보이며 과거의 생활유형을 수용하고 평온해 하며 자아실현을 기꺼이 계속하면서 또한 죽음을 수용하며, 자아통합을 달성하지 못한 일보다는 이룩한 일과 행운에 대하여 감사하는 태도를 지닙니다.

- 자아통합과 건강관계 :
* 신체적 건강 : 독립생활의 근간을 의미하며, 신체적 건강상태는 심리적 안정감(자아통합)과 관계가 깊은 것으로 나타납니다.

- 자아통합과 가족 지지도 :
* 가족, 친지, 이웃, 동료, 교회 및 단체회원들과의 상호작용이 높은 노인 : 더욱 높은 심리적 안정(자아통합)을 보입니다.[26]

 # 그럼에도 노인기(老人期) : 삶의 마무리가 필요한 시기

노인들은 자연 수명이 근접해 있는 분들입니다. 그러므로 죽음은 노인들이 곧 직면해야 할 분명한 현실입니다.

1) 죽음에 대한 솔직한 논의와 이해가 시급한 시기 : 죽음에 대한 공론화의 필요성이 적절한 때입니다. 따라서 죽음에 대한 회피, 간과, 금기, 체념 등은 아무런 의미가 없게 됩니다.
2) 삶에 대하여 정리가 필요한 시기 : 몸 관리능력 상실 이전에 정리가 필요합니다. 죽음 전에 정리해야 할 것들로는 물질적 인 것(재산 상속의 문제 등)들도 있고, 삶의 지혜와 같은 정신적인 것들도 있습니다.
3) 화해와 용서가 필요한 시기 : 더 중요한 것은 정한(情恨)의 다스림입니다. 죽음은 재회(再會)가 없는 이별입니다. 고로 한(恨)을 품고 죽을 수는 없습니다.
4) 아름다운 마무리가 필요한 시기 : 죽음 역시 주도적으로 준비함으로써 주도적으로 맞이할 수 있습니다.

 # 임종과정에 나타나는 신체적 증상과 대응책[27]

1) 차가워짐 : 손발부터 시작해서 팔과 다리의 순서로 점점 차가워지고, 피부색도 흰색 또는 청색으로 변하게 됩니다. 혈액순환의 저하가 심장에서 먼 쪽부터 오게 되는 것이지요. 환자에게 따뜻한 담요 등을 씌워서 따뜻하게 해주는 것이 좋습니다. 특히 능행스님(불교 호스피스 『정토의집』 운영)은 임종 시에 환자에게 절대 무겁게 하지 말 것을 당부하고 있습니다(홑이불. 런닝셔츠. 기저귀 정도).
2) 수면 : 수면 시간이 점점 증가하며, 의사소통이 점점 곤란해지고, 자극에 대한 반응도 점점 둔화됩니다. 환자와 대화 시 설사 환자가 반응을 하지 않더라도 정상인에게 말하는 것과 같이 조용히 이야기하는 것이 좋습니다. 즉 가능한 커

26) 늘푸른장사문화원, 『노년기의 품위 있는 삶과 품위 있는 죽음 준비교육』, 2012, 1~6쪽 참조.
27) 최화숙, 『아름다운 죽음을 위한 안내서』, 2002, 256~258쪽 참조.

다란 소리는 자제하고 환자의 손을 잡고 조용히 부드럽게 대화하는 것이 좋습니다.

3) 혼돈 : 주위의 사람이 누구인가에 대해 자주 혼돈을 일으키는데, 이는 신진대사의 변화로 인해 생기는 정상적 결과입니다. 이럴 때는 환자에게 내가 누구냐고 묻지 말고, 누구라고 먼저 밝히고 의사소통하는 것이 좋습니다.

4) 근육이완 : 근육이 무력해져서 대소변을 조절하지 못하게 됩니다. 대, 소변의 미조절에 대비하여 기저귀를 준비하는 것이 좋고, 환자의 침상 홑이불 밑에 비닐 등을 깔고 청결을 유지할 필요가 있습니다.

5) 울혈 현상 : 환자의 가슴에서 돌 구르는 것과 비슷한 소리가 들리게 되는데, 이는 수분섭취가 적어지고 가래를 기침으로 내보내는 능력이 저하되면서 나타나는 정상적인 변화 상태입니다. 환자의 고개를 옆으로 부드럽게 돌려주어 분비물이 잘 배출될 수 있도록 하고, 젖은 헝겊 등으로 입안을 닦아서 깨끗하게 해줄 필요가 있습니다.

6) 불안정함 : 환자가 불안정해 하고 같은 동작을 반복하게 되는데, 이는 신진대사의 변화로 인해 뇌에 산소공급이 부족해져서 생기는 자연적인 현상입니다. 억지로 그런 행동을 못하게 하지 말고, 환자의 이마를 가볍게 문질러 주거나 책을 읽어주는 것이 도움이 됩니다.

7) 수분과 음식물 섭취량 감소 : 음식과 수분 섭취가 점점 적어지는데, 이는 환자의 몸이 소화되는 일보다는 다른 기능을 하는 데에 에너지를 소모하기 때문입니다. 억지로 먹이려 하지 말고, 대신 작은 얼음 조각이나 주스 얼린 것 등을 입안에 넣어 주어 입안을 상쾌하게 할 필요가 있습니다. 이마에 찬 수건을 얹어주는 것, 입안에 생수 스프레이를 뿌려주는 것도 도움이 됩니다.

8) 소변량 감소 : 수분 섭취 저하로 소변량이 감소하는데, 이때는 호스피스 간호사에게 의뢰하여 소변 줄을 꽂아야 하는지를 결정해야 합니다. 링거를 통한 다량의 수분공급은 오히려 환자에게 부종과 통증을 유발하여 고통을 증가할 수 있으니 주의가 필요합니다.

9) 호흡 양상 변화 : 정상호흡이 아닌 몰아쉬면서 중간 중간 무호흡 상태를 동반하는 체인 스톡 호흡(Cheyne-Stokes Breathing)을 하게 됩니다. 내부기관의 순환감소로 인한 일반적 현상입니다. 이때는 환자의 머리를 높여주고, 손을 잡아주며, 부드럽게 대화하여 환자를 편안하게 할 필요가 있습니다.

10) 긴 한숨을 내쉬고는 멈춤 : 운명의 순간입니다. 운명의 확인이 필요합니다(맥박 확인 ; 속광). 숨을 멈추게 되면 항문 괄약근이 이완되고, 동공이 이완되어 고정되며, 자극에 대한 반응이 없어지게 됩니다.

 # 임종과정에 나타나는 정신적 변화와 대응책[28)]

1) 위축 : 환자가 반응이 없어지고 점점 위축되며, 함께 이야기하고 싶어 하지 않습니다. 이런 상태는 환자가 주변의 모든 관계로부터 해방되고, 떠나기 위해 준비하고 있는 것입니다. 그러나 환자는 마지막까지도 들을 수 있으므로(청각 기능이 가장 늦게 정지), 이야기할 때는 자신을 밝히고 정상적인 목소리로 조용히 대화하고, 가족의 경우는 사랑을 표현하는 것이 좋습니다.
2) '환상' 경험 : 부처님, 예수님, 조상님 등을 보았다고 주장합니다. 이것은 환자가 이승에서 영육(靈肉)이 분리되기 시작했음을 나타내는 것입니다. 환자가 보고 들은 것에 대해 무시하거나 부정하지 않는 것이 좋습니다. 정상적인 것으로 받아들일 필요가 있습니다.
3) 안절부절 못함 : 환자가 자꾸 무언가를 되풀이하고 안절부절 못하게 됩니다. 이는 아직 해결하지 못한 문제로 인해 마음이 불편하다는 증상입니다. 이런 환자는 편안히 운명하지 못합니다. 그러므로 환자에게 미해결문제가 있는지 잘 살펴보고, 해결할 수 있도록 도와줄 필요가 있습니다. 또 음악, 좋아하는 성경 구절 등을 읽어 주어 죽음을 인정하고 받아들이도록 할 필요도 있습니다.
4) 대인관계 감소 : 소수인과만 있으려고 합니다. 이는 환자가 떠나기 위해 준비한다는 신호입니다. 그 소수인은 환자가 편안히 죽기 위해 지지와 도움을 필요로 하는 인물들입니다.
5) 환자의 죽음을 인정하고 받아들일 것 : 임종환자의 죽음에 남은 가족들이 죄의식을 갖지 않고 죽음을 인정하는 것은, 어려운 일일 수도 있습니다. 그런데 임종환자는 설사 힘들더라도 가족의 허락이 없으면 더 살고 싶어 합니다. 이때 임종환자에게 줄 수 있는 남은 가족들의 마지막 선물은, 임종환자가 죽을 수 있도록 허락하는 것입니다.

---

28) 최화숙, 『아름다운 죽음을 위한 안내서』, 2002, 258~261쪽 참조.

6) 마지막 인사 : 임종환자가 죽을 마음의 준비가 다 되었고, 가족이 환자를 보내드릴 각오가 되면, 이제 '안녕'이라고 마지막 인사를 해야 합니다. 환자의 손을 잡거나, 껴안아 주거나 하면서 하고 싶은 이야기를 나누면서, <안녕>이라는 마지막 인사를 통해 임종환자가 삶을 마무리하고 육체로부터 떠나도록 도와줍니다.

 # 임종환자들의 돌봄

- 가능한 환자와 함께(함께 있음 자체가 중요한 돌봄)
- 환자 스스로 결정을 내릴 수 있도록 보조
- 마지막을 스스로 관리할 수 있도록 격려
- 죽음 연극의 주연 역할을 할 수 있도록 보조
- 자신의 질병에 대한 진실을 알 수 있도록 협조
- 환자가 존엄하게 죽을 수 있도록 협조
- 지나온 삶을 회고하고 정리할 수 있도록 협조
- 환자의 통증이 조절되도록 보조
- 환자가 유머감각을 키우고 웃을 수 있도록 협조
- 환자가 사후세계의 가능성을 생각할 수 있도록 협조

 # 아름다운 죽음을 준비하려면

[죽음에는 순서가 없습니다. 고로 미리 죽음준비를 해야 합니다.]

1) 진실 되고 정직하게 살자(하늘을 우러러[윤동주 서시]-仰不愧於天, 俯不怍於人[맹자 三樂])
2) 따뜻한 마음으로 사랑을 나누며 살자(사랑하고 살기에도 부족한 시간 ...)
3) 가진 것을 이웃과 나누며 살자(空手來 空手去...)
4) 죽음과 관련된 책을 읽고 공부하자(죽음성찰 : 퀴불러 로스, 레이몬 무디, 부위훈 등)
5) 죽음에 대해 생각해 보고 연습하는 시간을 갖자(죽음관련 워크숍, 장례식 참석 등)

6) 유언장을 작성해 보자(or 이별편지)[생일날 : 재산처리, 장기기증, 장례계획 기재 - 공증)
7) 죽음 및 내세와 관련된 종교적 교훈에 유념하자(임사체험 등)

가족 중 말기암환자가 생기면

1) 담당의사에게 사실을 확인하고 설명을 요청하라(알포스 데켄 : 설명 동의 [Agreement] → 설명 선택[Choice])
2) 가족회의를 하라(환자를 포함하여 전 가족이 참여하여 충분한 토의를 통해 정보 공유)
3) 호스피스 기관에 가입하라(편안한 돌봄)
4) 아직 살아 있는 동안 현재의 삶을 즐기게 배려하라(소중한 추억거리 만들기)
5) 환자의 이야기를 들어 주고 원하는 대로 해주라(공감적 경청과 배려)
6) 예비적 슬픔을 함께 나누라(슬퍼해 준다는 사실 자체가 환자에게는 위로가 될 수 있음)
7) 화해하라(용서와 화해. 모든 것을 털고 갈 수 있도록... 例 : 소크라테스 - 신전 닭 1마리)
8) 최선을 다해 환자를 돌보라(그래야만 남은 가족들의 후회감과 죄책감 없앨 수 있음)
9) 필요한 도움을 청하고 받아들이라(친지, 기관 등. 국가의 도움도 가능)
10) 때가 되면 '안녕'이라고 말하라 (때가 되면 보내드려야 환자도 편안히 갈 수 있음)

쉼 터

지는 꽃을 위하여

문 정 희

잘 가거라, 이 가을날
우리에게 더 이상 잃어버릴 게 무어람
아무 것도 있고 아무 것도 없다
가진 것 다 버리고 집 떠나
고승(高僧)이 되었다가
고승마저 버린 사람도 있느니
가을 꽃 소슬히 땅에 떨어지는
쓸쓸한 사랑쯤은 아무 것도 아니다
이른 봄 파릇한 새 옷
하루하루 황금 옷으로 만들었다가
그 조차도 훌훌 벗어버리고
초목들도 해탈을 하는
이 숭고한 가을날
잘 가거라, 나 떠나고
빈들에 선 너는
그대로 한 그루 고승(高僧)이구나

임종과정 5단계설

엘리자베스 퀴블러 로스(E.Kubler Ross) 박사는 말기 환자들이 죽음 앞에서 느끼는 공통적인 심리 변화는 보통 5단계의 과정을 거친다고 말하였습니다. 만약 이와 같은 단계를 모르고 있다면, 환자의 가족들과 호스피스는 환자에게 아무 것도 해 줄 수 없다는 무력감으로 깊은 좌절감에 빠지게도 될 것입니다. 그런데 만약 이러한 단계별 과정을 환자의 가족들과 호스피스들이 인지를 하고 있게 되면, 환자의 복잡한 감정의 변화에도 결코 당황하지 않게 될 것입니다. 또한 환자들의 케어(Care)에도 도움을 줄 수 있게 되고, 환자들의 마음을 정리하도록 하는 데에도 커다란 힘이 되어 줄 것입니다.

1) 부정의 단계[부정 : denial and isolation]

'나는 죽지 않을 것이다.' '내가 왜 죽어.' '난 안 죽어.' '설마 나에게 죽음이 다가왔겠느냐?'라며 강력히 죽음을 부정하는 단계입니다. 우리가 죽음에 부딪힐 때 인간은 본능적으로 스스로 자신을 보호하게 되는 것이므로 죽어가는 과정을 부정하는 것은 어쩌면 당연한 것이기도 합니다.

2) 분노의 단계[분노 : anger]

부정의 단계를 넘어서면 '왜 하필 나여야만 하나. 내가 뭘 그렇게 크게 잘못했는데....?'라고 하면서 자신과 주위에 분노의 감정을 표출하게 됩니다. 가족들에게 화풀이를 할 수도 있고, 의사나 간호사들에게 화풀이를 할 수도 있습니다. 간병과 케어(Care)하기가 매우 어려울 수도 있습니다.

3) 타협의 단계[타협 : bargain]

시간이 지남에 따라 지푸라기라도 잡고 싶은 심정으로 '몇 달만 더 살게 해준다면...', '혹은 아들 결혼할 때까지만 살게 해 주신다면...' 하고 의사나 신에게 매달리게 되는 단계입니다. 대개 이 단계에 이르게 되면, 사람들은 자기가 인간관계에 있어 큰 잘못을 저질렀다고, 그래서 벌을 받는 것이라고 보통 스스로를 반성하게 됩니다.

4) 우울증에 빠지는 단계[우울 : depression]

더 이상 회복 가능성이 없다고 느낄 때, 즉 결국 죽을 수밖에 없음을 직시할 때 생기는 감정입니다. 이 지경에 이르게 되면, 이제 만사가 다 귀찮고, 또 누구와 만나기도 싫고, 깊은 우울증과 절망에 빠지게 됩니다.

5) 수용하는 단계[수용 : acceptance]

네 번째 단계를 거치게 되면, 비로소 이제 자신이 죽는다는 사실을 받아들이고 죽음 자체를 가슴 깊이 수용하게 됩니다. 분노하거나 우울해 하지도 않고, 자신에게 다가오는 최후를 조용히 담담하게 바라보는 단계입니다. 시간이 없음을 알고는 실제 죽음에 따른 것을 정리하기도 합니다.[29)]

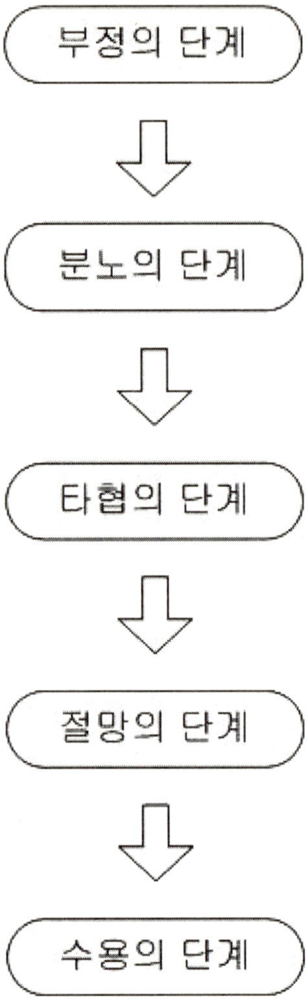

부정의 단계

↓

분노의 단계

↓

타협의 단계

↓

절망의 단계

↓

수용의 단계

죽음을 수용하는 단계에 이르기까지의 임종과정 5단계들은 보통은 대체로 순차적입니다. 하지만 사람에 따라서는 이 순차적 단계를 뛰어넘기도 합니다. 또 경우에 따라서는 죽음을 수용하는 단계에까지 이르지 못하고, 분노나 타협의 단계, 혹은 부정이나 절망의 단계에서 곧바로 죽음을 맞이하는 사람도 있습니다.

나아가 부위훈 교수와 알폰스 데켄(A. Deeken) 교수는, 퀴블러 로스의 5단계가 임종의 과정을 너무 단순화시켰다고 비판하면서, 5) 수용의 단계의 다음 단계로 6) 기대와 희망의 단계를 추가로 첨가하여 주장하기도 합니다. 그리 많은 숫자는 아니지만, 독실한 신앙인들의 경우에는 5) 수용의 단계를 뛰어넘어 보다 적극적이고 희망적으로, 즉 새로운 삶에 대한 기대와 희망으로 죽음을 기꺼이 맞이하는 사람도 있다는 것입니다.

29) 부위훈, 『죽음, 그 마지막 성장』, 2001, 82~94쪽 참조.

죽음을 앞둔 사람들이 남은 여생(餘生) 동안 인간으로서의 존엄성과 높은 삶의 질(質)을 유지하면서 삶의 마지막 순간을 평안하게 맞이할 수 있도록 환자와 그 가족들을 신체적, 정서적, 사회적, 영적으로 도우며 사별가족들의 고통과 슬픔을 경감시키기 위한 총체적 돌봄(Holistic Care)을 의미합니다.30)

호스피스의 목적

1) 육체적 통증을 완화하기 위해서 의사의 처방에 따라 통증을 완화시켜 줍니다.
2) 대상자의 정신적인 고통을 완화하기 위하여 자신의 의지에 의한 여러 활동에 참여하도록 하며 마음을 정리할 시간을 제공합니다.
3) 사별이라는 비통한 체험을 하게 되는 대상자와 가족들이 마음의 안정을 갖도록 도와줍니다.

호스피스의 대상자

1) 임종이 6개월 이내로 예견되며 의사소통이 가능한 말기환자
2) 현대의학으로 치료효과를 기대하기 어려운 환자로 비치료적인 간호를 받기로 결정된 대상자
3) 통증 및 증상완화를 필요로 하는 대상자
4) 담당 의사나 호스피스 담당자가 의뢰한 대상자
5) 가족, 친지가 없어 호스피스의 도움이 필요한 대상자

30) 충청대학사회복지연구소, 「지혜로운 노년을 완성하는 매듭(죽음)」, 29~30쪽 참조 ; 노유자 한성숙 안성희 김춘길 공저, 『호스피스와 죽음』, 현문사, 122쪽 참조.

호스피스의 내용

호스피스에서는 종양내과의사, 간호사, 정신과의사, 사회복지사, 영양사, 종교인, 자원봉사자 등 각 분야의 전문가들이 팀(Team)을 이루어 환자들에게 다양한 도움을 제공합니다. 통증을 경감시키거나 수면장애, 복수, 호흡곤란, 변비 등 제반 증상들을 완화시키는 신체적인 간호를 제공하는 것뿐만 아니라 삶의 과정 동안 겪었던 다양한 갈등(가족 간의 갈등, 사회적 갈등, 영적 갈등)을 풀어나가도록 상담을 통해 도움을 주고 또한 죽음을 삶의 일부분으로서 긍정적으로 받아들이도록 도와주는 활동도 합니다.

호스피스와 환자 및 가족들의 권리

1) 인간의 존엄성을 존중받을 권리
2) 서비스 내용 및 비용에 대하여 알 권리
3) 서비스를 계획하고 변경하는 과정에 참여할 권리
4) 서비스를 선택하거나 혹은 거부할 권리
5) 환자 개인의 요구에 적합한 서비스를 제공받고, 서비스 과정에서 기록과 정보에 대한 비밀을 보장받을 권리
6) 환자 자신의 의무기록을 제공받을 권리
7) 담당의사에 의한 완화치료 목적인 경우를 제외하고는 어떠한 물리적, 화학적 구속을 당하지 않을 권리
8) 편지, 전화 및 개인적 방문에 의한 타인과의 연락을 방해받지 않을 권리
9) 호스피스 직원에 의한 활동이나 업무태만으로 인해 정신적, 신체적 피해를 당하지 않고 서비스에 대하여 불만을 표현할 권리
10) 환자와 가족의 입장을 대변할 가족 1인을 임명하거나 가족 이외의 대리인 1인을 임명할 권리

존엄한 죽음(尊嚴死)

<존엄사>는 <안락사>와는 다릅니다. <존엄사>란 인간으로서 품위를 지키면서 이승을 마감하는 가장 이상적인 죽음을 말합니다. 이에 반해 <안락사>는 의학적으로 치료가 불가능한 환자에게 견디기 힘든 고통을 없애 주기 위하여 일정한 약물을 투여하는 등의 인위적이고 적극적인 방법으로 자연적인 사망 시기보다 일찍 사망하게 하는 행위를 말합니다.

<안락사>는 현행 실정법 하에서는 극히 일부 국가를 제외하고는 모든 나라에서 불법행위로 간주됩니다. 안락사는 다시 <적극적 안락>와 <간접적 안락사>, 그리고 <소극적 안락사>로 나뉘는데, <적극적 안락사>는 환자의 바람과 관계없이 환자의 사망 과정에 의사가 직접적으로 관여하여 환자를 죽음에 이르게 하는 것입니다. <간접적 안락사>는 의사가 의도한 것은 아니지만 환자의 고통을 완화하기 위해 처치하는 도중 예상된 부작용으로 환자를 죽음에 이르게 하는 경우를 말합니다.

<소극적 안락사>는 죽음에 직면한 환자에게 치료를 중단하거나 생명유지 장치를 제거함으로써 환자를 죽게 내버려 두는 경우를 말합니다. 그리고 <존엄사>는 말기의 불치병 환자에게 환자 본인의 희망에 따라 연명치료를 유보 혹은 중단함으로써 환자를 죽음에 이르게 하는 것을 말하는데, 이는 <소극적 안락사>와 매우 흡사하기 때문에 혼란을 가져오기도 합니다. <존엄사>의 요건은 다음의 것들이 충족되어야 합니다 :

1. 의학적으로 환자가 회복 불가능한 중증 질환의 말기라는 의사의 진단이 있어야 함
2. 환자의 <사전의료의향서>나 <의료대리인지정서> 등으로 표현되는 환자 본인의 분명한 의사(意思)가 반드시 기록으로 남아 있어야 함

결국 <존엄사>란 죽음을 존엄하게 맞이하려는 환자 자신의 뜻을 존중하는 형태이며, <소극적 안락사>처럼 단순한 <연명치료 중단>과는 확연히 구분됩니다. 그리

고 <존엄사>는 연명치료는 중단하더라도, 통증관리나 생리기능 등을 도와주는 <완화치료(palliative medicine)>의 시술은 계속하여 진행시킵니다. 따라서 <존엄사>는 치료를 포기하는 것이 아니라, 환자가 고통을 덜 느낄 수 있게 해, 인간으로서의 품위를 유지한 채 존엄을 유지하면서 임종(臨終)을 하도록 도와주는 행위라고 할 수 있습니다.

요컨대 <존엄사>는 말기 환자에게 본인의 희망에 따라 사랑하는 가족들 사이에서 편안하고 행복하게 숨을 거둘 수 있도록 도와주는 행위로 볼 수 있으며, 이는 환자 자신이 사전에 <존엄사선언서>를 작성함으로써 자연스럽게 이루어질 수 있는 것입니다.[31]

선진국에서는 <존엄사법> 혹은 <자연사법>을 합법화하여 시행 중에 있으나, 한국은 아직 시행 유보 중입니다.

[존엄사와 소극적 안락사의 차이점][32]

	행위와 판단의 주체	죽음관	삶의 태도	죽음의 방식
소극적 안락사	의료인	죽음준비나 생사관 불명확 가능성	삶의 태도 미흡 가능성	당사자 의사 무시 가능성 농후
존엄사	당사자	죽음준비나 생사관 명확 가능성	삶의 태도 주도적	당사자 의사 존중 가능성 농후

31) 부위훈, 『죽음, 그 마지막 성장』, 2001, 69~82쪽 참조.

32) 오진탁, 『마지막 선물』, 266쪽 참조.

자살

많은 사람들이 가족이나 사랑했던 사람의 자살로 인하여 사별 슬픔을 애도해야 하는 지경에 이르고 있습니다. 그들에게는 상실에 대한 슬픔뿐만 아니라 수치심, 두려움, 거절감, 분노, 죄책감 등이 추가 유산으로 남겨집니다.

자살자는 유족들에게 여러 가지 부정적 감정들을 해결하라는 판결을 내린 셈입니다. 나아가 자살자를 자살 행동에 던져지게 했을 것이라는 유족 자신의 실제적이거나 가능성 있는 역할에 관한 생각 또는 자살을 중지시키는 데 실패한 것에 대한 생각에 유족들을 파묻히게 합니다. 이것은 유족들에게 매우 무거운 짐이 될 수도 있습니다. 유족들이 부담으로 느끼는 감정의 짐들은 보통 다음과 같습니다 :

1. 수치심

자살한 사람의 유족들이 경험하는 모든 특수한 감정들 가운데 가장 압도적인 감정이 수치심(羞恥心)입니다. 우리 사회에서는 여전히 자살과 관련된 것들은 치욕으로 남게 됩니다. 그리하여 자살로 인하여 남겨진 유족들은 수치심과 다른 사람들의 반응에 영향을 받을 수밖에 없는 감정으로 괴로움을 겪게 됩니다. "아무도 제게 말을 하려 하지 않아요." "그 사람들은 아무 일도 일어나지 않은 듯이 행동해요."라고 말하는 이러한 유족들에게 부가된 감정적 압박은, 유족들의 사회적 상호작용에 영향을 미칠 뿐만 아니라 가족 간의 관계를 더욱 극적으로 변화시킬 수도 있습니다.

2. 죄책감

죄책감(罪責感)은 자살로 인한 희생자의 가족들이 겪게 되는 또 다른 공통적인 감정입니다. 유족들은 종종 고인의 행위에 대한 책임을 떠맡기도 하며 자신들이 죽음을 방지하기 위해 했어야만 했다거나 또는 할 수 있었던 무언가가 있었다는 등의 마음을 좀먹는 듯한 느낌을 가지기도 합니다. 이렇게 자책하는 감정은 자살이 고인과 유족 사이에 일련의 인간 상호 간의 갈등맥락에서 발생했을 때에는 더욱 힘들어집니다. 즉 자살로 인하여 유족들은 다른 원인으로 인하여 죽음을 경험하는 유족들보다 훨씬 자주 무거운 죄책감을 경험하게 됩니다. 강한 죄책감으로 인하여 유족들은 벌을 받아야 한다고 생각할 수도 있습니다.

죄책감은 때로는 비난(非難)으로 표현되기도 합니다. 즉 일부 사람들은 타인에게 죄책감을 투사하고 죽음을 그들 탓이라고 비난함으로써 자신의 과실에 대한 느낌을 다루어나가기도 합니다.

3. 두려움

두려움은 자살 후에 나타나는 평범한 반응입니다. 보통은 자연사에 의한 유족보다 자살에 의한 유족이 훨씬 더 심각한 수준의 불안과 두려움의 증세를 보인다고 합니다.

4. 왜곡된 생각

왜곡된 생각은 자살한 사람의 유족들에게서 나타나는 또 다른 모습입니다. 그러므로 유족들, 특히 어린아이들에게는 자살에 의한 사망이 우연한 사고에 의한 것이라는 것을 아주 빈번히 보게 할 필요가 있습니다. 가족들은 자살한 사람에게 실제로 발생한 일에 대하여 일종의 왜곡된 꾸민 이야기를 만들어내는 경향이 있습니다. 그리고는 누군가가 꾸민 이야기라고 도전하면 화(禍)를 내게 됩니다. 그러므로 이러한 사람들에게는 자살을 일종의 우연한 사건 또는 다른 유형의 자연적인 현상으로 보게 할 필요가 있습니다. 왜냐하면 그러한 유형의 왜곡된 생각은 단기적으로는 유익할 수 있으나, 장기적으로는 비생산적이기 때문입니다.[33]

33) J. William Worden, 이범수 역. 『유족의 사별슬픔 상담과 치료』, 205~211쪽 참조.

사별가족들의 비탄의 과정(Process)

사별(死別)의 슬픔을 표현하는 방법에는, 개인차로 인하여 상이한 부분도 있을 수 있지만, 그럼에도 몇 가지의 공통적인 과정을 찾아볼 수가 있습니다.

처음으로 「**쇼크(Shock)기(期)**」는, 사별직후의 망연자실의 시기입니다. 감정은 마비되고, 사별(死別)의 사실은 이해할지라도, 감정면으로는 현실을 충분히 받아들일 수가 없습니다.

다음으로 「**상실기**」는, 고인을 잃었다는 것에 감정면으로도 생활면으로도 직면하는 시기입니다. 큰 슬픔과 고통이 한꺼번에 확 밀려옵니다. 계속해서 밀려오는 거친 파도 가운데, 요동과 혼란이 최고조로 되어, 주위에 분노를 나타낼 수도 있습니다.

다음으로 「**폐쇄기**(마음을 닫아버리는 시기)」는, 거꾸로 기분의 울적함과 무기력감이 덮쳐오는 시기입니다. 자책감에 빠진다든지, 무의식적으로 고인의 존재를 느낀다든지, 고인을 찾는다든지 하는 것을 반복하게 되어서, 우울함 또는 살기가 괴롭다고 생각하게 됩니다.

마지막으로 「**치유생성기**」에는, 죽음을 완전히 받아 들여 새로운 자신을 모색하기 시작합니다. 그러나 기일(忌日)이라든가 고인이 생각나는 장소(場所)에 가게 되면, 「상실기」 나 「폐쇄기」 에로 역행하는 일도 있습니다. 사람에 따라서는 하루 사이에 모든 과정을 함께 경험하는 일까지도 있습니다.

전체 흐름을 이야기한다면 슬픔의 여파는, 사별 당시의 큰 파도로부터, 이어서 중간 파도, 그리고 몇 년이 경과한 후에는 작은 파도로 가라앉습니다. 단(但) 때에 따라서는, 작은 파도 중에 큰 파도나 중간 파도의 여파가 뒤섞여서 밀려오는 경우도 있습니다.[34]

비탄(悲嘆)의 과정을 간단하게 달리 설명해 보면, **<사별초기단계(충격과 좌절단계)> - <사별중간단계(고독과 우울단계)> - <사별극복단계(수용과 적응단계)>** 라고 구분해 볼 수도 있습니다.[35]

34) 宮林さちえ, 『愛する人を喪った悲しみを癒すために』, 14쪽 참조.

35) 한국죽음학회, 『한국인의 웰다잉 가이드라인』, 98~105쪽 참조.

조금 더 세분해서 비탄(悲嘆)의 과정을 설명해 보면, <부인> → <공황> → <분노(원망 : 죄의식)> → <고독감> → <체념(포기 : 수용)> → <회복>[36]의 과정이라고 말할 수도 있습니다. 알폰스 데켄 교수는 이러한 <비탄(상실)의 과정>을 <12단계>로 나누어 자세히 설명하고 있는데, 그 내용을 살펴보면 다음과 같습니다[37] :

1) 정신적 충격(타격)과 마비상태[쇼크상태] : 충격으로 인해 기절을 하기도 하는데, 이 경우 기절은 본능적인 심리적 방어기제입니다. 응급처치가 필요하기도 합니다.
2) 부인(부정) : 이성적, 정서적으로 대상자의 죽음을 인정하지 않으려고 합니다.
3) 공황(Panic) : 충격으로 인한 극도의 심리적 공황, 공포 상태(비탄의 초기과정)를 말합니다.
4) 부당함에 대한 분노 : 가해자에 대하여 극렬한 분노심(돌연사인 경우 특히 강함)을 표출하기도 합니다.
5) 적의와 원망 : 때로는 의료관계자에게로 원망의 화살이 쏠릴 수도 있고, 때로는 사망 당사자의 무책임한 행동에게로 책망이 쏠릴 수도 있습니다.
6) 죄의식 : 남겨진 사람들이 자신의 행동을 후회하고, 책망하고, 질책하게 됩니다.
7) 공상과 환상 : 공상을 통해 망자가 아직 살아 있는 듯한 생각에 사로잡혀 실제 생활에서도 이처럼 행동하기도 합니다. 망자의 방을 치우지도 않고, 계속해서 망자의 식사를 준비하기도 합니다.
8) 적막감 고독감 : 장례식이 경황없이 지나고 나면, 극복하기 힘든 고독과 적막감에 사로잡히게 됩니다. 우을증에 빠지기도 하고, 외출(대인)기피증에 빠지기도 합니다.
9) 정신적 혼란과 기력 상실 : 생활목표를 잃어버린 공허함으로 인해, 기력을 잃어버린 상태에 빠집니다. 자포자기상태로 전락하기도 합니다.
10) 체념과 수용 : 이 단계에 이르면 망자가 이제 더 이상 이 세상에 없다는 쓰라린 현실을 <분명하게> 응시하며, 상대의 죽음을 수용하고자 합니다.

---

36) 부산MBC, 『사망이후의보고서』「제2부 그리움의 노래」(창사48주년특집 4부작) 중에서의 구분
37) 알폰스 데켄, 오진탁 역, 『죽음을 어떻게 맞이할 것인가』, 29~42쪽 참조.

11) 유머와 웃음의 재발견 : 고뇌에 찬 과정을 겪으면서 서서히 얼어붙었던 마음을 녹이는 희망의 빛이 빛나기 시작합니다. 미소를 다시 되찾게 되고, 유머감각도 되살아납니다.

12) 회복의 단계 : 고통(反)을 통해 새로운 정체성(Identity : 合)을 회득하면서 더욱 성숙한 인격(正)으로 성장하게 됩니다. 이전의 자아(正)가 아닌 아픈 만큼 성숙해진 자아(自我)가 됩니다.

그런데 비탄 경험자 모두가 똑같이 12단계를 순서대로 겪는 것은 아닙니다. 때로는 여러 단계가 함께 중복되어 나타나기도 합니다. 대체로 회복기간은 최소한 1년 정도(알폰스 데켄교수 주장), 길게는 5년 정도(부산 MBC「그리움의 노래」 동영상 중 독일 마인츠 대학 슈미트 교수 주장 : 『현대사회에서의 죽음과 애도』)가 걸립니다.

특히 비탄을 극복하는 최상의 길 가운데 하나는, 같은 비탄과 상실을 체험한 사람들끼리의 인격적인 만남과 교류입니다. 바로 동병상련(同病相憐)의 이치입니다.

 # 사별의 슬픔을 극복하고 새로운 삶을 계획하는 데 도움이 되는 글

1) 슬퍼할 만큼 슬퍼하시기 바랍니다.
2) 감정을 있는 그대로 받아들이시기 바랍니다.
3) 마음의 고통을 가까운 사람들과 나누시기 바랍니다.
4) 일상생활의 패턴을 단순하게 짜고 규칙적으로 생활하시기 바랍니다.
5) 고인과의 행복한 추억을 떠올리시기 바랍니다.
6) 영적인 활동에 관심을 기울이시기 바랍니다.
7) 새로운 에너지로 새로운 생활에 도전해보시기 바랍니다.[38)]

38) 한국죽음학회, 『한국인의 웰다잉 가이드라인』, 106~111쪽 참조.

웰다잉(Well dying)의 정의

웰다잉(Well dying)이란 인간으로서 품위 있는 죽음에 대한 소망을 전제로 삶의 내면을 풍요롭게 가꿔 삶의 가치를 높이는 것으로서 <사람이 사람답게 죽는 것>을 의미합니다.

웰다잉이 추구하는 <잘 죽는 것>은 <잘 사는 것>의 반대 의미로 오해될 수도 있으나, 실제로 웰다잉이 품은 뜻은 <잘 죽어가는>이란 진행형이므로, 역설적으로 <잘 살아가는 것>을 포함한 완결의 의미로 추가 해석될 수도 있습니다.

1) 동행이 있는 죽음

종교적인 의미로서는 기독교는 <예수그리스도>와 함께 동행하는 것이요, 불교에서는 <석가여래>와 함께 동행하는 것입니다. 이승에서의 삶은 바로 죽음 이후의 세계, 즉 저승에서의 삶으로 연속적으로 연장되는 것이기에, 저승에 가는 자들은 분명히 저승길을 인도하고 안내하는 자가 필요하게 됩니다. 그리하여 죽음이 가까운 이들 곁에는 그러한 신앙의 소유자들(가족이나 호스피스)이 있어서 저승에 가는 길에 진리를 알게 하고 의식화시키는 일이 매우 중요합니다. 그러므로 죽음이 임박한 이들에게는 항시 이들이 있어서 곁에서 위로의 말씀과 예배, 연도, 또는 예불이 있어야 할 것입니다.

2) 심적, 영적으로의 정화(淨化)

세상을 떠나려 함에 즈음하여 가족이나 이웃들과의 관계에서 용서 못한 일과 화해 못한 일을 낱낱이 고백하고 용서하고 화해하는 일은 매우 중요한 일입니다. 즉 용서와 화해를 통해 해원(解冤)을 한 영혼(靈魂)이야말로 가장 아름다운 마음의 소유자라 할 수 있습니다. 화해의 수단은 전화도 좋고, 편지도 좋고, 또는 인편으로 해도 좋습니다.

<화해>가 서로 잘못을 고백하고 서로 풀어버리는 것이라면, <용서>는 상대에 대한 어떠한 조건도 없이 일방적으로 상대를 용서하는 것입니다. 마음에 오래 동안

한(恨)을 품었던 것을 풀고, 평안하고 편안한 마음으로 저승길에 들어서도록 해야 합니다.

3) 상속 유산 등에 대한 법률적 측면에서의 깨끗한 정리

<상속>이 부동산이나 동산 등을 법률이 정하는 바에 따라 유족들에게 상속하는 것이라면, <유산>은 비부동산을 말하기도 합니다. 예를 들어 경험의 유산, 정직의 유산, 믿음의 유산, 리더십의 유산, 신의(信義)의 유산, 관계의 유산, 위기관리의 유산, 믿음의 유산 등을 말할 수도 있습니다. 또한 시신 기증 여부 등도 포함됩니다.

이러한 <상속>과 <유산>들을 <노트(예 : 하늘여행 준비노트)>나 또는 <소책자>로 만들어서 남겨주면 매우 좋을 것입니다.

4) 〈존엄사 선언서〉 〈사전의료의향서〉등의 작성

갑작스러운 <돌연사>나 <자연사>의 경우라도 <존엄사> <사전의료의향서> 등은 본인이나 가족들에게 매우 필요한 것입니다. 국내 각 병원의 경우 현재 시행 중인 곳도 있고, 또 국회에서도 입법 추진 중에 있습니다.

5) 장례의 절차와 장법(매장, 화장 등)에 관한 언급

종교의식, 장례 장소, 장례 기간, 상복 종류, 수의 종류, 매장 화장 결정, 장지 선택, 제단 장식, 제사 방법, 장례식 때 알릴 부고자 명단 등 장례의식에 따른 제반 운영철차의 언급도 매우 중요합니다(예 : 사전장례의향서 등).

6) 적절한 때의 적절한 안녕 세레머니

이 세상을 떠나기 전 떠나시는 분이나 떠나보내는 이들이 얼마 동안 함께 있으면서 사랑하고, 섬기고, 그리고 마지막 이별의 날에는 서로 환한 웃음으로 떠나보내고 떠나는 순간이 되어야 합니다.[39]

---

39) 늘푸른장사문화원, 『노년기의 품위 있는 삶과 품위 있는 죽음 준비교육』, 2012, 32~34쪽 참조.

죽음 준비의 기대 효과

1) 현재 살아있음에 대한 감사를 느끼게 합니다.

2) 가족의 소중함과 가족에 대한 사랑을 느끼게 합니다.

3) 남은 인생을 어떻게 살 것인가 하는 물음에 대한 의미 있는 해답을 제시해 줌으로써 인생의 나침반(羅針盤)을 획득시켜 줍니다.

4) 아름다운 마무리(품위 있는 죽음, 존엄한 죽음)를 하도록 해 줍니다.

5) 죽음을 긍정적이고 적극적으로 받아들이게 해 줍니다. 나아가 인간이 유한한 존재임을 인식케 함으로써, 게으름과 타성 등 구태로부터 벗어나 긍정적 삶에로의 패러다임 변화(Shift)를 가져옵니다.

6) 언제 닥칠지 모르는 죽음 앞에서도 의연해질 수 있으며, 사별에 따른 가족의 고통과 비탄을 감소시켜 줍니다.

7) 화해와 용서를 통해 정한(情恨)을 풀어 줌으로써, 편안히 이승과 이별하게 해 줍니다.

8) 사회봉사와 베품과 나눔 등 인생의 소중한 가치를 깨닫게 합니다.

9) 아름다운 생의 마무리를 통하여 남은 이들에게 소중한 기억으로 남게 해 줍니다.[40]

---

40) 김소암, 『길어진 인생을 사는 기술』, 23쪽 참조 ; 늘푸른장사문화원, 『노년기의 품위 있는 삶과 품위 있는 죽음 준비교육』, 2012, 34쪽 참조.

쉼터

낙화(洛花)[41]

이형기

가야 할 때가 언제인가를
분명히 알고 가는 이의
뒷모습은 얼마나 아름다운가.

봄 한철
격정을 인내한
나의 사랑은 지고 있다.

분분한 낙화 …
결별이 이룩하는 축복에 싸여
지금은 가야할 때

무성한 녹음과 그리고
머지않아 열매 맺는
가을을 향하여
나의 청춘은 꽃답게 죽는다.

나의 사랑, 나의 결별
샘터에 물 고인 듯 성숙하는
내 영혼의 슬픈 눈

41) 각당복지재단, 『웰다잉 교육 매뉴얼』, 46쪽 참조.

제3부

나의 장례식

장례식의 인상

이제부터 장례식에 대하여 생각해 봅니다. 먼저 일반적으로 장례식에 관하여 어떠한 생각을 가지고 있는가를 정리해 봅니다. 해당되는 항목의 체크 란에 표시를 해 주세요.(복수도 가능)

장례식을 어떻게 생각하는가?

- □ 장례식은 고인을 추모(공양)하는 중요한 의식
- □ 장례식은 고인과 이별을 하는 중요한 의식
- □ 장례식은 고인과의 인연(因緣)을 재확인하는 중요한 기회
- □ 장례식은 유족의 슬픔을 완화하기 위한 것
- □ 장례식은 고인의 생전의 삶을 표현하는 장(場)
- □ 장례식은 보이기 위해 세속적(世俗的)으로 하는 것
- □ 장례식은 별 의미 없는 풍속(風俗)에 지나지 않음

장례식의 조문

- □ 친(親)한 사람의 장례식에는, 반드시 조문하고 싶다.
- □ 친(親)한 사람의 장례식에도, 조문을 하고 싶지 않다.
- □ 그다지 친(親)하지 않은 사람의 장례식에도, 되도록 조문을 하고 싶다.
- □ 친(親)하지 않은 사람의 장례식에는, 그다지 조문하고 싶지 않다.

장례식과 돈

☐ 장례식에는 적극적으로 돈을 들여야 한다.

☐ 장례식에 돈을 들이는 것은 나쁜 것이 아니다.

☐ 장례식에 그다지 돈을 들여야 한다고 생각하지 않는다.

장례식은 누구를 위한 것?

☐ 장례식은 고인을 위해서 행하는 것

☐ 장례식은 유족을 위해서 행하는 것

☐ 장례식은 고인의 친구, 지인을 위해서 행하는 것

장례식의 방법 및 자세

☐ 장례식은 더 자유로워야 한다.

☐ 장례식은 고인의 입장에서 표현되어야 한다.

☐ 장례식은 전통적인 방법으로 행해야 한다.

☐ 장례식에 연출은 불필요하다.

※ 기타 장례식에 대한 인상과 평소 생각하고 있는 것이 있다면, 아래에 써 주세요.

장례식을 설계하자

장례식을 행하기 위해서는 여러 가지로 선택해야 할 것이 많습니다. 자기 자신도, 또한 남겨진 가족들도 후회하지 않도록, 나의 장례식의 희망사항에 관하여 생각해 봅시다.

당신이 죽으면 상주는 누가 됩니까?

자신의 장례식의 규모에 대해 바라는 바가 있습니까?

☐ 성대하게 ☐ 표준적으로 ☐ 조용히

☐ 가까운 친척만 ☐ 형식은 불필요

가족은 어떤 희망을 가지고 있습니까?

☐ 성대하게 ☐ 표준적으로 ☐ 조용히

☐ 가까운 친척만 ☐ 형식은 불필요

어떤 종교로 장례식을 행하고 싶으신가요?

☐ 유교식으로

☐ 불교식으로 ☐ 평소 다니는 절이 있다.

절 이름

연락처

☐ 다니는 절이 없다

☐ 기독교 또는 가톨릭 식으로 ☐ 평소 다니는 교회나 성당이 있다.

교회 / 성당 이름

연락처

☐ 다니는 교회 / 성당이 없다.

☐ 무교(無敎)식으로

세례명 / 법명 / 계명은 있습니까?

☐ 생전(生前) 세례명 / 법명을 가지고 있다.

세례명 / 법명 :

☐ 세례명 / 법명을 가지고 있지 않다.

아호(雅號) / 별명은 있습니까?

☐ 있다. ☐ 없다.

아호(雅號) / 별명 :

장례식은 어디에서 행하고 싶습니까?

☐ 자택

☐ 종교시설 ( )

☐ 병원 장례식장 ( )

☐ 전문 장례식장 ( )

☐ 기타 ( )

가족은 어떤 생각을 가지고 있습니까?

☐ 자택

☐ 종교시설 ( )

☐ 병원 장례식장 ( )

☐ 전문 장례식장 ( )

☐ 기타 ( )

장례식 때 어떤 수의(壽衣)를 입고 어떤 관(棺)에 들어가고 싶습니까?

최근(最近)에는 전통적(傳統的)인 수의가 아니고 자신의 마음에 드는 복장(服裝)을 수의로 하는 사람이 늘어나고 있는 추세입니다.

□ 전통적인 수의가 좋다.

□ 입고 싶은 옷이 있다.

옷의 특징 :

보관 장소 :

□ 특히 「이것을 입고 싶다」라고 하는 바람은 없지만, 그다지 전통적인 수의는 좋아하지 않는다.

영정사진은 준비해 놓았습니까?

잘 나온 사진, 마음에 드는 사진을 영정으로 하기 위해서 생전(生前)에 준비하는 사람이 늘어나고 있는 추세입니다.

□ 영정사진을 준비해 놓았다.

보관 장소 :

□ 지금은 없지만, 이제부터 준비하고 싶다.

□ 영정사진은 가족에게 위임한다.

장례식의 형식이나 연출 등에 대해 바라는 것이 있습니까? (복수 가능)

□ 일반적인 장례식이 좋다.

□ 제단에 많은 꽃을 장식해 주었으면 한다.

장식해 주기를 바라는 꽃 :

□ 좋아하는 음악을 틀어주기를 바란다.

구체적으로 :

□ 생전(生前)에 찍은 사진과 동영상으로 연출해 주기를 바란다.

구체적으로 :

보관 장소 :

□ 장례식장 내에 놓아주기를 바라는 추억의 물건이 있다.

구체적으로 :

조사를 읽어 줄 사람은 있습니까?

이름 :

관계 :

연락처 :

장례식 비용은 준비해 놓았습니까?

□ 준비하고 있지 않다.

□ 보험이나 예금으로 준비하고 있다.

구체적으로 :

조문객에 대한 접대

장례식에 조문해 주신 조문객(弔問客)에게는, 음식을 대접한다든가 조문답례품을 준비하는 것이 일반적입니다.

음식 (조문해 주신 것에 대한 접대)

나의 희망 □호화롭게 □표준으로 □검소하게

구체적으로 :

가족의 희망 □호화롭게 □표준으로 □검소하게

구체적으로 :

답례품 (조문과 조의금에 대한 답례)

나의 희망 □호화롭게 □표준으로 □검소하게

구체적으로 :

가족의 희망 □호화롭게 □표준으로 □검소하게

구체적으로 :

다만, 금액이 비싸고 싸고를 가지고 판단하지 말고「조문해 주신 분들을 어떻게 대접하고 싶은가」를 생각하여 판단하는 것이 좋습니다.

조문해 주신 분에게 편지를 써보자

장례식(葬禮式) 때 조문(弔問)해 주신 분들에게는 보통 감사(感謝)의 마음을 담아 편지(便紙)를 보내 드립니다. 그런데 보통은 준비한 서한에 상주(喪主)의 이름만 넣어서 인쇄하는 경우가 많습니다.

진심(眞心)어린 마음을 담은 말을 전할 수 있도록 자신의 장례식을 상상(想像)하면서 조문해 주신 분들에게 감사(感謝)의 편지를 써 봅시다(장례식 때 통상적으로 사용하는 장례식장용 편지에 추가하여 사용해도 좋고, 대신해서 다른 것을 사용해도 좋습니다).[42]

※ 여기에 잘못 쓴 경우, 다른 종이에 쓴 원고를 이 페이지에 붙여 주세요.

42) 公益社, 『旅立ちの準備ノート』, 東京, 14f.쪽 참조.

자신에 맞는 묘(墓)를 선택하기 위해서

당신이 죽은 후 묘를 관리해 줄 사람은 있습니까?

□ 있다.

□ 없다.

자식이 없는 경우(있어도 딸만 있는 경우), 장래에 묘를 관리해 줄 사람이 없게 될 가능성이 많습니다. 그러한 경우, 나의 묘를 관리해 줄 수 있는 지인(知人) 등을 알아 놓을 필요가 있습니다.

자신이 들어갈 묘가 준비되어 있습니까?

□ 준비되어 있다.

공원묘지(봉안당) 등의 이름 :

연락처 :

공원묘지(봉안당) 내에서의 묘의 위치 :

□ 준비되어 있지 않다.

☞ 「묘를 가지고 있지 않다」라고 답한 사람만 아래 질문에 답해 주세요.

묘를 구입할 예정은 있습니까?

□ 가까운 시일 내에 알아 볼 생각을 가지고 있다.

□ 생각은 가지고 있지만, 현재로서는 예정이 없다.

□ 자신이 죽은 후, 남겨진 가족에게 맡긴다.

□ 전혀 생각하고 있지 않다.

희망하는 묘의 조건은 있습니까?

□ 개인 묘지

□ 공설 공원묘지

□ 사설 공원묘지

□ 특별히 바라는 것은 없다.

□ 가족에 맡긴다.

묘의 장소는 어디가 좋겠습니까?

□ 현재 살고 있는 장소 가까이

□ 아들이나 딸이 살고 있는 장소 가까이

□ 태어난 장소 가까이

□ 특별히 원하는 곳이 없다.

□ 가족에 맡긴다.

□ 기타 (   )

묘는 어떤 분위기가 좋겠습니까?

예) 녹지로 둘러싸인 묘지, 당일에 갔다 올 수 있는 장소 등.

자신의 묘비명(墓碑銘)과 묘지명(墓誌銘)을 작성해 보자.[43]

스스로 묘비명과 묘지명을 지어 보면서 인생의 의미를 되새겨 보는 시간입니다. 스스로의 일생을 개괄 평가해 볼 수도 있고, 스스로의 인생관과 가치관을 표출할 수도 있으며, 또한 이승을 하직하면서 이승에다 왔다 간 흔적과 자취를 남길 수도 있습니다. 참 간단한 것 같으면서도 짧은 내용 속에 내 인생을 온전히 담아 낼 수 있는 것입니다. 이렇게 묘비명과 묘지명 한 줄에도 우리는 우리의 삶을 되돌아 볼 수 있고, 정말 가는 날까지 최선을 다해서 살아야겠구나 하는 각오를 다질 수도 있습니다. 묘비명과 묘지명은 바로 이러한 의미를 갖고 있습니다. 내 인생을 한 편의 묘비(지)명으로 남긴다면, 무엇이 쓰일까, 무엇으로 채워질까, 직접 한 번 써보는 겁니다.[44]

묘비명 예시)

'어허야! 우리 인생, 그 누가 훔쳤더냐. 이렇게 속절없이 허탕하게 떠날 것을. 그 아픔 보듬고, 긴 세월 찢었더냐. 생전에 벗지 못한 아린 통한 남겨둔 채, 홀연히 떠나가는 이 모습 새겨주오. 어허야 나는 간다. 영원한 자유 찾아'**[천안 망향의 동산 위안부 할머니]**

'학생 ○○지묘' '행복하게 살다가 갔다.' '인생이 한 편의 뜬 구름 같구나.' '나는 아름다운 세상에 잠시 소풍을 왔다가, 너희들을 만나, 즐겁고 기쁘게 살았다. 나. 이제 본래의 나로 돌아가련다.' '김○○, 여기 조용히 잠들다. 고향(이북)을 떠난 후 하루도 잊지 못하고... 어머니와 어린 딸 ○○이를 애타게 그리며....'**[부산MBC 특집방송]**

'어허야! 우리 인생, 그 누가 훔쳤더냐. 이렇게 속절없이 허탕하게 떠날 것을. 그 아픔 보듬고 긴 세월 찢었더냐. 생전에 벗지 못한 아린 통한 남겨둔 채, 홀연히 떠나가는 이 모습 새겨주오. 어허야 나는 간다. 영원한 자유 찾아'**[천안 위안부 전금화 할머니]**

'이 묘지 옆을 지나가는 자여. 당신이 여기에 있는 것처럼 나도 한 때는 그랬으나, 지금은 여기에 누어있는 것처럼 그대도 그럴 것이니, 죽음을 준비하고 나를 따르라.'**[영국묘지 묘비명]**

'살았다. 썼다. 사랑했다.'**[스탕달]**

'우물쭈물 하다가(오래 살다 보면) 내 이럴 줄 알았지.'**[영 죠지 버나드 쇼]**

'이 곳에 한 평생 저 혼자만을 위해 산 구두쇠 에빈저 스쿠루지가 영원히 잠들다.'**[크리스마스케롤 주인공]**

'담쟁이처럼 살았던, 도종환'**[도종환]**

'내가 몸이 아프다고 그랬잖아'**[영 스파이크 밀리건]**

'곧 돌아오겠습니다.'**[미 쟈니 카아슨]**

'일어나지 못해 미안합니다.'**[미 공동묘지]**

'착한 사람들은 일찍 죽는다.'**[미 공동묘지]**

'에이 괜히 왔다 간다.'**[중광 걸레 스님]**

'나 하늘로 돌아가리라. 이 세상 소풍 끝나는 날, 가서 아름다웠다고 말하리라'**[천상병]**

'난 아무 것도 원하지 않는다. 아무 것도 두렵지 않다. 나는 자유인이다.'**[니코스 카잔차키스]**

'마지막까지 스승이었던 이'**[모리와 함께 한 화요일]**

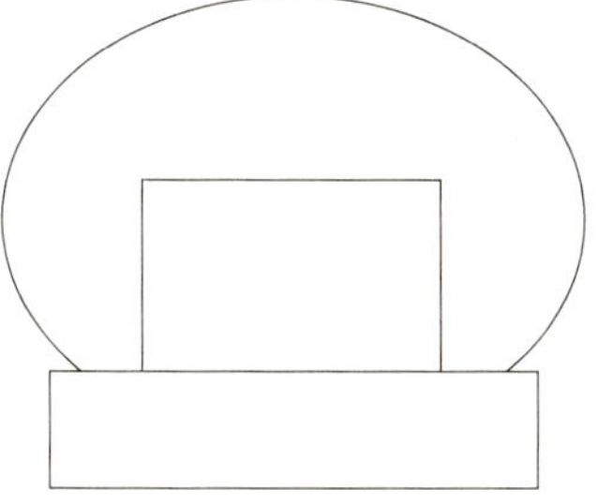

43) 심경호, 『내면기행』, 5쪽 참조.

44) 부산MBC, 『사망이후의보고서』 「제1부 이별을 위한 준비」(창사48주년특집 4부작) 참조.

자신의 묘비명(墓碑銘)

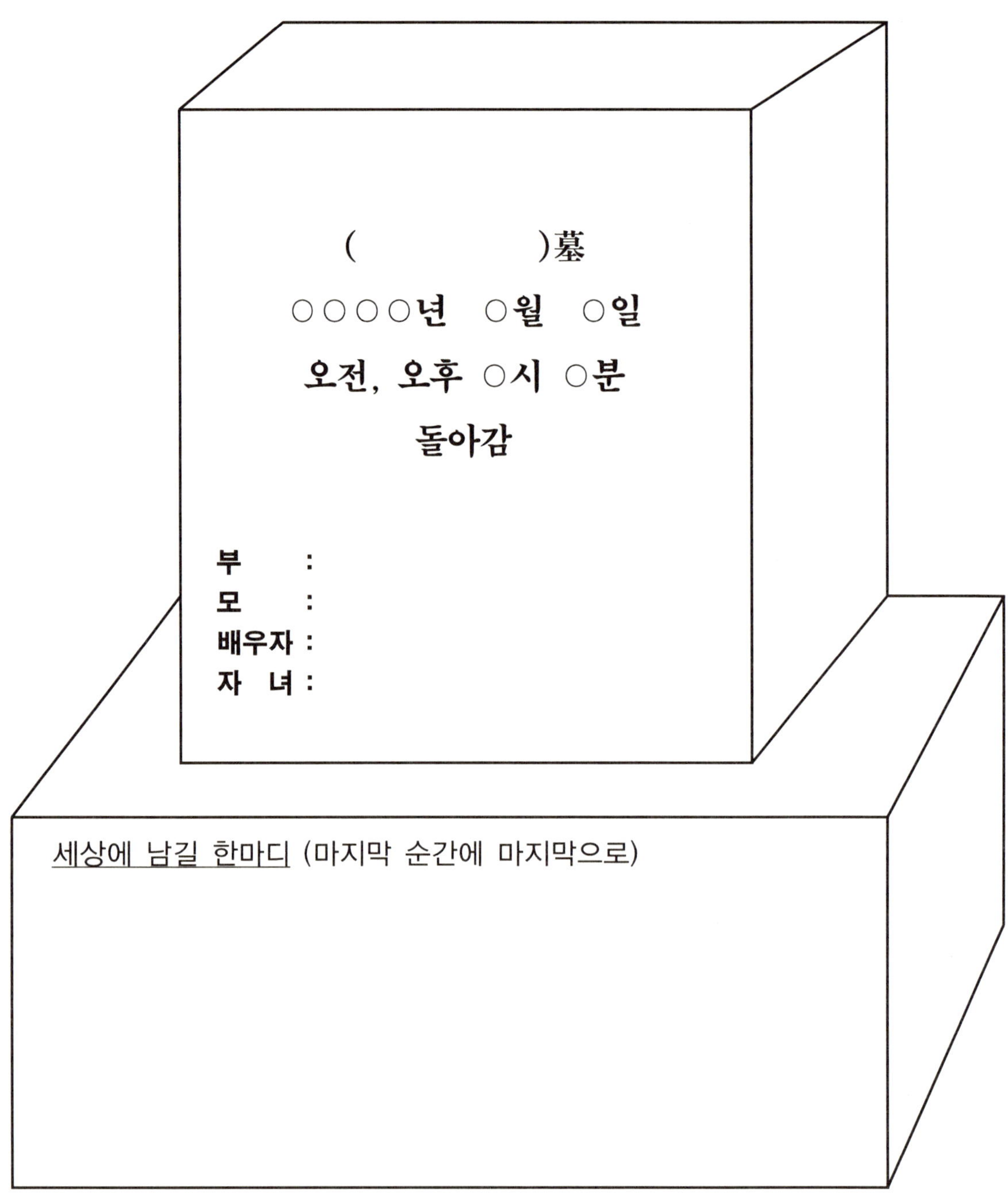

나의 묘비명(墓碑銘) :

자찬(自撰) 묘지명(墓誌銘) :

예시 1) 퇴계 이황45)

'나서부터 매우 어리석었고, 장성해서는 병이 많았네.
중년에는 어찌 학문을 즐겼다고 할 만하며,
만년에는 어찌 관직을 외람되어 얻었는고.
학문은 구할수록 더욱 아득하고, 벼슬은 사퇴할수록 더욱 얽혀 들었네.
삶의 길에서 물러나 숨으려는 뜻을 굳게 하였으나
나라의 은혜에 깊이 부끄럽고, 오로지 성인의 말씀을 두려워했네.
산은 아스라하고, 물은 끊임없나니,
벼슬 버리고 돌아와 소요하여, 여러 사람의 비방을 벗어났다네.
나의 회포는 막혔는데, 나의 패물을 누가 좋아하리오.
내 옛사람 생각하니, 참으로 내 마음의 편안함을 얻었네.
어찌 알리 후세의 사람들이, 오늘의 내 마음 모를 줄을
시름 가운데 즐거움이 있고, 즐거움 속에 시름 있도다.
천지의 조화를 타고 돌아가리니, 다시 무엇을 더 구하리.'

예시 2) 다산 정약용46)

' ... 평생에 죄가 하도 많아 허물과 뉘우침이 마음속에 쌓였었다. 금년에 이르러 임오년(1822년, 순조 22)을 다시 만나니 세상에서 말하는 회갑으로, 마치 다시 태어난 것 같다. 마침내 긴요하지 않은 잡다한 일들을 모두 씻어버리고 밤낮으로 자기 성찰에 힘써서, 하늘이 내려준 본성을 회복하여 지금부터 죽을 때까지 어그러짐이 없기를 바라노라. ... '

---

45) 심경호, 『내면기행』, 485쪽 참조.

46) 다산 정약용, 『여유당전서』 제1집시문집 제16권 <자찬묘지명(自撰墓誌銘)> 참조.

나의 묘지명(墓誌銘) :

친척 · 친구 · 지인의 연락처

상을 당했을 경우의 친척 연락처

성 명	주 소	연락처	관계

장례식 때 연락을 해 주었으면 하는 친구·지인의 연락처

성 명	주 소	연락처	관계

쉼터

츄 할아버지

86살의 할아버지가
이른 새벽 일어나는 이유가 무엇인지 아십니까?

한 병의 수프를 준비하고
뱀부 바이올린을 가지고 20km를 걸어갑니다.

언덕 위에서 노래를 연주하기 위해서,
30년간이나 매일 그렇게 하였지요.

츄 할아버지는
그의 아내에게 약속했었답니다.

그의 생명이 다할 때까지
그녀에게 매일 아침 수프를 만들어 주고 ...
또 그녀가 좋아하는 노래를 연주해 주겠다고요.

당신은 어떻습니까?

[태국 생명보험회사 광고 : 죽은 아내와의 약속을 지키는 아름다운 이야기][47)]

47) 박덕만·강동구, 『사랑하는 나의 가족에게』, 도서출판 해피엔딩, 32쪽 참조.

제4부

나의 생로병사(生老病死)

늙고 병들고 죽는 것과 관계되는 선택 1

늙고(老), 병들고(病), 죽는 것(死)은 누구에게나 찾아옵니다. 그리고 그것이 마침내 우리들 눈앞에 찾아왔을 때, 우리는 여러 가지 선택(選擇)과 결단(決斷)을 하지 않으면 안 됩니다. 그런데 그 결단의 때는 갑자기 찾아오기 때문에, 누구라도 올바른 선택을 하기가 쉽지 않습니다. 또한 의식(意識)이 없다든지 아니면 치매로 말미암아, 판단할 능력을 잃어버리는 경우도 생길 수 있습니다. 그러므로 운명(殞命)의 「그 날」이 도래(到來)했을 때 올바른 결단을 할 수 있도록 하기 위해서도, 건강할 때 미리 가족들과 대화를 나누면서 이 문제를 진지하게 생각해 볼 필요가 있습니다.

여기에서는 질문에 따라 자신의 희망(希望)을 적어 주세요. 단, 여기에서 선택한 것들은 모두가 어디까지나 당신의 <희망>에 불과합니다. 따라서 당신의 신체상황과 가족의 상황에 의해 어쩔 수 없이 상황이 변할 수 있다는 것도, 미리 고려해 둘 필요가 있습니다.

암 등의 병에 걸렸을 때 병명, 남은 시간을 알려 주기를 바랍니까?

□ 일체 알고 싶지 않다.

□ 병명, 남은 시간 모두 알려 주기를 바란다.

□ 병명만 알려 주기를 바란다.

노인성 치매의 경우, 간병은 어떤 장소에서 해 주기를 바랍니까?

☐ 자택을 중심으로 하는 간병을 희망한다.

☐ 자식이 살고 있는 집을 중심으로 하는 간병을 희망한다.

☐ 시설에 입소, 전문가에 의한 간병을 희망한다.

희망하는 시설이 있는 경우, 그 시설 명을 적어 주세요.

☐ 자택을 중심으로 한 간병을 원하지만, 상황에 따라서는 시설에서의 간병도 받아들이겠다.

☐ 가족의 판단에 맡기겠다.

의식은 확실히 있지만 간병을 필요로 하는 상태가 되었을 경우, 간병은 어떠한 장소에서 해 주기를 바랍니까?

☐ 자택을 중심으로 하는 간병을 희망한다.

☐ 자식이 살고 있는 집을 중심으로 하는 간병을 희망한다.

☐ 시설에 입소, 전문가에 의한 간병을 희망한다.

희망하는 시설이 있는 경우, 그 시설 명을 적어 주세요.

☐ 자택을 중심으로 한 간병을 원하지만, 상화에 따라서는 시설에서의 간병도 받아들이겠다.

☐ 가족의 판단에 맡기겠다.[48]

48) 公益社,『旅立ちの準備ノ-ト』, 東京, 26~29쪽 참조.

 # 다음의 사례를 읽어보고 느낌을 적어 보세요.

사례1) 어느 소설가의 죽음(62세)

2003년 2월 위암 말기 통보받고 퇴원. 3년 전 계약금 받았던 동시집 원고료 반환. 이틀 후 재입원. 유언을 남김 : '아빠가 혼수상태가 되거든 이틀을 넘기지 마라.' '소생하지 않으면 엄마, 동생 손잡고 동시에 산소 호흡기를 떼라.' '절대 연장하지 마라.' '화장 후 보령의 관촌에 뿌려라.' '여한 없이 살다 간다.'

사례2) 어느 할머니의 죽음(83세)

언젠가 한 번 많이 아팠을 때는 이웃에 사는 큰며느리에게 살려달라고 하셨다. 그 후 3개월간 아무 탈 없이 지내시다가 다시 아프셨다. 이번에는 할머니가 '죽을 때가 되었으니 의사를 부르지 마라.'고 당부. 결국 그 날 밤 자녀들이 모두 모인 앞에서 운명. 그 후 할머니 사시던 집을 정리하려고 보니까 정리를 말끔히 해서 아무 것도 치울 게 없더라고 한다.[49]

49) 충청대학사회복지연구소, 「지혜로운 노년을 완성하는 매듭(죽음)」, 7쪽 참조.

위의 사례에서 느낀 소감

1) 에서 느낀 소감 :

2) 에서 느낀 소감 :

늙고 병들고 죽는 것과 관계되는 선택 2

병(病) 등에 의해 확실하게 죽음이 찾아오는 것을 알았을 때, 어떤 장소에서 죽음을 맞이하고 싶습니까?

□ 자택에서 죽음을 맞이하고 싶다.

□ 병원에서도 상관없다.

□ 호스피스 등의 간병을 받을 수 있는 시설에서 맞고 싶다.

희망하는 시설이 있는 경우, 그 시설 명(名)을 적어주세요.

병이나 사고 등으로 시한부 상태가 되고, 의학적으로 회복할 가능성이 없게 되어, 단지 연명 치료만 가능한 상황이 될 때, 연명 치료를 계속하기를 원하십니까?

□ 될 수 있는 대로 오래 살 수 있도록 치료해 주기를 바란다.

□ 일체의 연명 치료를 원하지 않는다.

□ 연명 치료가 고통을 동반할 경우만, 연명치료를 원하지 않는다.

병이나 사고 등으로 시한부 상태가 되고, 의학적으로 회복할 가능성이 없게 되어 고통(苦痛)이 심하게 되었을 때, 고통을 완화시키는 치료가 생명을 단축시킬 가능성이 있어도, 그 치료를 받기를 원하십니까?

□ 생명을 단축시킬 가능성이 있어도 고통을 완화시킬 치료를 원한다.

□ 생명을 단축시키면서까지 고통을 완화시키고 싶지는 않으므로, 그대로 두기를 원한다.

생명에 지장을 줄 수 있는 중대한 병에 걸려 장기적인 간병이 필요하게 되었을 때를 대비하여, 비용을 준비해 놓았습니까?

☐ 보험이나 예금으로 준비하고 있다.

구체적인 내용을 적어주세요 :

☐ 준비하고 있지 않다.

☐ 이제부터 준비하려고 생각한다.

구체적인 내용을 적어주세요 :

지병을 가지고 있는 분이나 과거에 큰 병에 걸렸던 분은 그 내용을 적어주세요:

늙고 병들고 죽는 것과 관계되는 선택 3

당신을 마지막까지 뒷바라지 해 줄 사람은 누구입니까? :
(자신의 노후와 돌아감에 대한 준비)

---

* 추후 거동이 불편할 때, 당신이 간병과 도움을 받을 사람은 정해져 있습니까? :

---

* 불치병에 걸렸을 때, 요양시설에 입소를 원하십니까? 자택에 계시길 원하십니까?. 그리고 그 바람대로 이루어질 수 있으리라 생각하십니까?

---

* 당신이 자신의 재산을 관리하지 못하게 되었을 때, 의탁할 사람이나 기관은 정해져 있습니까? :

---

* 자신의 노후는 마지막까지 스스로가 원하는 방식대로 살 수 있을 것이라 생각하십니까? :

---

* 당신에게 의지가 되지 않는다고 생각하는 사람부터 지워 나가 보십시오. 마지막으로 남는 사람의 이름을 잘 새겨두고 앞으로의 인간관계를 곰곰이 생각해 보십시오 :

1) 배우자 2) 자녀 3) 손자 4) 친척 5) 친구 6) 지인 7) 이웃사람들
8) 공무원 9) 보험회사 10) 아는 의사와 간호사 11) 후견인 12) 기타

쉼터

아키유키[50)]

1984년 10월 19일 하느님이 주신 선물이 도착하였습니다.
태어난 계절의 '아키(가을)'와 남편이 좋아하는 '유키(눈)'을 합쳐
'아키유키'라고 이름을 지었습니다.

태어난 지 한 달 만에 다운증후군으로 판정 …….
1년밖에 남지 않았다는 말을 들었습니다.
감기라도 걸리면 끝이라는 말에 항상 조심하며 살았습니다.

그래도 조금씩 커가는 걸 보며 감사하고 …….
무엇을 봐도 무엇을 하더라도 아이는 항상 기뻐 보였습니다.

3살 '이즈미학원'에 입학 …
운동회 … 한 발 한 발 골인 지점을 향해 다가갔습니다.

살아야 해
그저 힘껏 살아야 해

아키유키와 보내 6년의 나날들 …
아이를 만나지 않았더라면 못했을 것들 …
감사합니다. 〔아키유키는 1990년 1월 사망하였습니다.〕

[일본 메이지생명에서 아름다운 한 소년의 6년간의 짧은 삶을 실화를 바탕으로 제작한 60초짜리 생명보험광고입니다.]

50) 박덕만·강동구, 『사랑하는 나의 가족에게』, 도서출판 해피엔딩, 46쪽 참조.

제5부

나의 유언(遺言)

1. 유언장(遺言狀) 작성

살아 온 인생을 정리하며, 지금 죽음에 대해 느끼는 생각들, 가족들에게 당부하고 싶은 말들, 못다 이룬 꿈들, 후회되는 일들, 감사의 말, 작별의 인사 등에 대해 솔직한 자신의 심정을 적어 보세요. 자유롭게 자신의 이야기를 쓰시면 됩니다. 성명, 주민등록번호, 주소, 작성 연월일, 작성 장소, 도장은 필수 기재사항입니다. <공증증서>의 방식으로 해 놓으시면 더욱 좋습니다.

<유언공증>[51]

유언은 사람이 죽은 뒤 효력을 발생케 하기 위하여 소정의 방식에 따라 행하는 단독의 의사표시로 계약과는 달리 상대방이 없습니다. 그리고 그 의사표시를 기재한 서면을 유언서 또는 유언장이라 합니다. 유언에는 여러 가지 방식이 있으나 공증증서로 작성하는 경우가 보통이고, 이것이 편리하고 안전한 것입니다.

유언의 방식은 민법 제5편 제2장 제2절의 규정에 의하여 하는데, 그 중 공증증서에 의하는 방식은 다음과 같습니다.

공증증서에 의한 유언은 유언자가 증인 2인이 참여한 공증담당기관의 면전에서 유언의 취지를 말하며, 공증담당기관이 이를 기록하고 읽어 들려준 뒤, 유언자와

51) 이형웅, 『엔딩노트』, 퓨너럴 뉴스, 46쪽 참조.

증인이 그것이 정확한 것임을 승인한 다음, 각기 기명 후 서명 날인하여야 합니다(민법 제1068조).

① 검인 절차의 생략 : 공증증서가 아닌 유언서는 유언자의 사망 후 즉시 법원의 검인을 받아야 하나, 공증증서에 의한 유언의 경우에는 그와 같은 절차가 생략되어 편리합니다(민법 제1091조 제2항). 부동산의 경우 수증자가 단독으로 직접 등기 이전을 받을 수 있습니다.

② 골육상쟁의 예방 : 상속재산을 둘러싼 골육간의 분쟁이 날로 증가되고 심화되어 가는 추세이므로 이를 사전 예방하는 방법으로는 유언공증증서를 작성하여 두는 것이 가장 상책입니다.

유언 의사표시를 하는 사람(유언자)과 옆에서 그 의사표시를 들을 사람(증인) 2인이 법무법인을 함께 공동 방문하여 이루어집니다.

 # 구비서류

- 유언자 옆에서 들을 사람(2인) : 신분증(주민등록증, 운전면허증, 여권).
- 유언자 : 호적등본 1통, 주민등록등본 1통, 수증자의 주민등록등본 1통, 신분증 (주민등록증, 운전면허증, 여권), 도장.

가. 법무법인과 그 구성원 변호사

법무법인은 법무부장관으로부터 설립 인가를 받은 변호사로 조직된 법인입니다(변호사법).

나. 공증인

공증인은 법무부장관이 임명한 공증업무를 담당하는 사람입니다(공증인법).

다. 공증인가합동법률사무소와 그 구성원 변호사

공증인가합동법률사무소는 법무부장관으로부터 설립 인가를 받은 변호사로 구성되는 조직입니다(변호사법).

라. 공증사무 대행자

공증인, 법무법인, 공증인가합동법률사무소가 없는 지방에는 법무부장관이 지정한 지방검찰청 검사 또는 지방법원 등기소장이 공증사무를 대행하게 되어 있습니다.

마. 외국 주재 우리나라의 영사 등

외국에 주재하는 우리나라 공관의 총영사, 영사, 부영사도 공증사무를 행할 수 있습니다(재외공관 공증법 제2조).

공증수수료는 법무부령인 공증수수료규칙에 상세히 규정되어 있습니다. 그리고 공증수수료는 값이 매우 싼데, 민사소송 등 인지법 제2조 소정금액의 약 3분의 1 정도입니다. 유언공증의 경우 목적가액(금액) × 0.0015 + 21,500원입니다.

예) 1. 유언 부동산 가액 2억원일 경우

2억 × 0.0015 + 21,500 = 321,500원

예) 2. 임대차보증금 1억원, 은행예금 5,000만원인 경우

(1억 + 5,000만원) × 0.0015 + 21,500 = 246,500원

유언장 예시)

유 언 장(1)

본인은 ○○○ 에게 본인의 전 재산을 상속하겠습니다.
(*표시항목 필수)

* 서기 년 월 일

* 유언자 성명 : ○○○ (* 도장)
* 주소 :
* 주민등록번호 :
* 작성 장소 :

유 언 장(2)

본인의 재산을 아래와 같이 상속시킴.

1. 장남○○○ 에게 부동산(건물, 토지, 가옥) 예금 은행 지점 구좌

2. 차남○○○ 에게 회사의 주식 주

3. ○○○ 에게 은행 지점 구좌 의 예금
(법정상속인은 아니지만, 가사간병 등 도움을 받음. 기여분으로 상속하고 싶음)

4. ○○○ 에게 회사의 주식 주

5. ○○○ 에게 예금 구좌와 순금 10kg

* 서기 년 월 일

* 유언자 성명 : ○○○ 인
* 주소 :
* 주민등록번호 :
* 작성 장소 :

유 언 장(3)[52]

이름 : 김갑동 (인) 생년월일 :

주민등록번호 : 123456-4567890

주소 : 서울 종로구 세종로 1가 9번지

작성 월일 : 2012년 9월 9일

작성 장소 : 상동(주소지 자택)

임종장소 및 방식 :

- 나는 임종장소로는 집이나 병원 어디든 괜찮고, 자식들이 평안한 곳이면 좋습니다.
- 나는 시신 기증을 한 ○○대학병원에서 임종을 맞고 싶습니다.
- 가족의 뜻에 맡깁니다.

시신기증이나 장기기증 여부 :

- 나는 이미 시신이나 장기를 기증했습니다. 기증은 ○○기관에 위탁했으며 제가 작성한 동의서는 내 방의 개인금고에 있습니다.

임종 시 사전의료의향 여부 :

- 내가 혼수상태가 되어 의료행위를 결정할 수 없을 때, 무의미한 연명치료는 하지 말아주시기 바랍니다. 자세한 내용은 이미 사전의료의향서에 적어 두었으며, 이 의향서는 본 유언장과 함께 개인금고에 보관해 두었습니다.

원하는 장례 방식 :

- 나는 사후에 조상을 모신 선산에 묻히길 희망합니다.
- 나는 사후에 가족이 있는 ○○공원묘지에 묻히길 희망합니다.
- 나는 사후에 화장해 고향 뒷산 나무 아래 유골을 묻어주시기 바랍니다.

종합상조 가입 여부와 연락처 등을 구체적으로 밝혀둡니다.

- 저는 ○○상조에 가입했습니다. 가입증서는 개인금고에 있으며 담장자의 연락처는 123-4567(○○○과장)입니다.

부고를 보내 초청할 사람들의 범위와 연락처를 적어둡니다.
- 장례절차는 가족에게 전적으로 맡깁니다. 단, 아래 지인들은 특별히 꼭 연락해 저의 마지막 길을 기념해 주었으면 합니다.
  ○○○ 010-1234-1234   ○○○ 010-1234-1234

장례형식에 특별히 바라는 내용이 있다면 밝혀둡니다.
- 저의 사후엔 부고장은 가장 가까운 가족에게만 돌리고 오신 분들께는 부조금이나 현물, 화환을 받지 마시길 바랍니다.

원하는 장례예식이 있으면 밝혀둡니다.
- 장례예식은 가족의 뜻에 따라 진행하되, 조사는 친구인 ○○○에게 부탁해 주었으면 합니다. 기타 절차는 가능한 간소하게 치르길 바랍니다.

사후 제사방식을 밝혀둡니다.
- 제사는 기일과 생일 두 번만 간단한 종교예식으로 치르길 희망합니다.

유산 상속 :
- 지금 나의 명의인 ○○동 아파트는 장남 ○○에게, ○○군 소재 임야는 장녀 ○○에게 상속합니다. 그리고 예금은 ○○재단에 기부합니다.
  [저작권 등 기타 지적재산권이 있다면 상속대상을 구체적으로 밝힙니다.]

개인금융정보 :
- 나의 주민등록증, 운전면허증, 여권은 책상 서랍 맨 아래 칸에 있습니다. 예금통장은 모두 5종으로 개인금고에 있습니다. ○○동 아파트, ○○군 임야의 권리증서도 개인금고에 있습니다. 주식이나 채권 등은 이미 처분했으며 채권관계나 채무관계도 남은 것이 하나도 없음을 밝힙니다.
  [예금통장(은행명, 계좌번호, 비밀번호)도 적으시고, 주식 유사금융상품의 권리증, 채권목록(서류 비밀번호), 신용카드, 국민연금가입여부, 부동산권리증서, 채무증서, 세금영수증, 자동차등록증 보관장소, 대출증서, 보험증서 등의 구체적인 것도 밝혀두시기 바랍니다. 그리고 개인적인 채무관계여부도 밝혀두시기 바랍니다.]

52) 한국죽음학회, 『한국인의 웰다잉 가이드라인』, 112쪽 참조.

오드리 헵번의 유언(4)[53]

아름다운 입술을 갖고 싶으면..
친절한 말을 하라

사랑스런 눈을 갖고 싶으면..
사람들에게서 좋은 점을 보아라

날씬한 몸매를 갖고 싶으면..
너의 음식을 배고픈 사람과 나누라

아름다운 머리카락을 갖고 싶으면..
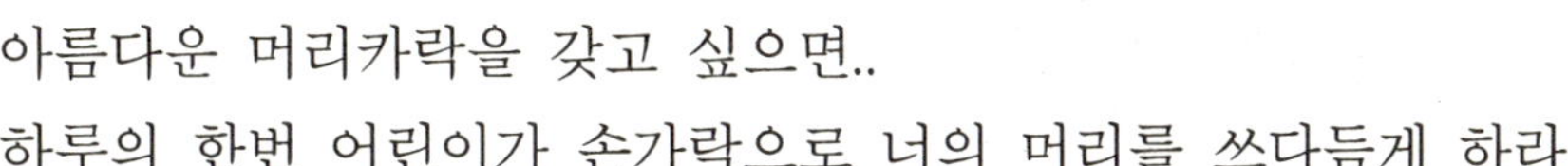
하루의 한번 어린이가 손가락으로 너의 머리를 쓰다듬게 하라

아름다운 자세를 갖고 싶으면..
결코 너 자신이 혼자 걷고 있지 않음을 명심해서 걸어라

사람들은 상처로부터 복구되어져야 하며
낡은 것으로부터 새로워져야 하고

병으로부터 회복되어야 하고
무지함으로부터 교화되어야 하며

고통으로부터 구원받고 또 구원받아야 한다.
결코 누구도 버려서는 안 된다.

기억하라. 만약 내가 도움을 주는 손이 필요하다면
너의 팔 끝에 있는 손을 이용하면 된다.

내가 더 나이가 들면 손이 두 개라는 것을 발견하게 될 것이다.
한 손은 너 자신을 돕는 손이고
다른 한 손은 다른 사람을 돕는 손이다.

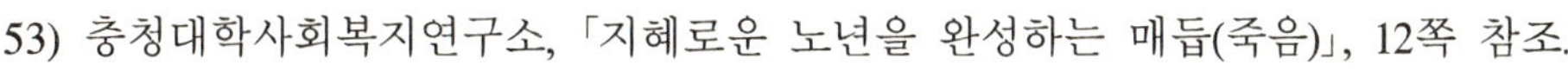
53) 충청대학사회복지연구소,「지혜로운 노년을 완성하는 매듭(죽음)」, 12쪽 참조.

유관순 열사의 유언(5)[54]

내 손톱이 빠져 나가고, 내 귀와 코가 잘리고,
내 손과 다리가 부러져도
그 고통은 이길 수 있사오나,
나라를 잃어버린 고통만은 견딜 수가 없습니다.

나라에 바칠 목숨이 오직 하나 밖에 없는 것만이
이 소녀의 유일한 슬픔입니다.

54) 늘푸른장사문화원, 『노년기의 품위 있는 삶고 품위 있는 죽음』, 52쪽 참조.

가가와 도요히코 선생의 유언(6)[55]

지상의 슬픔을 피하여 하늘로 돌아가는 자는 기쁨을 누린다. 이제 선거운동을 하지 않아도 된다. 지위와 명예를 떠나 하늘로 돌아가는 것은 영광중의 영광이다. 약한 육체를 지켜주시고 불안과 고난을 넘어서게 해주신 하느님과 함께 걸어온 생명이 이제 하늘로 돌아가는 것이다. 생각하면 너무 황홀하다. 너무 황송한 일이다. 죽음은 재가 되어 사라지는 것이 아니라, 아버지의 은혜로운 품속으로 돌아가는 것이다.

지상의 생활은 대수방정식과 같다. 계수도 있고 부호도 있다. 그러나 그 깊은 곳에 있는 근은 변하지 않는다. 따라서 우주의 창조주가 계획하신 길을 인간이 마음대로 변화시켜서는 안 된다. 다차원의 세계는 복잡하게 보여도 하느님의 근으로 환원하면 그렇게 복잡하지 않다.

그 곳에서는 불멸하는 사랑의 세계가 사악의 세계까지 새롭게 한다. 모든 생명은 원소로 돌아가고, 원자는 불멸이다. 인간이 이처럼 불멸하는 것으로 이루어져있다는 사실을 믿는 사람은 불안하지 않다. 법칙도 에너지도 모두 불멸이다. 생명의 원리도 합목적의 세계도 불멸이다. 이러한 불멸은 집합이산(集合離散)의 세계를 초월해서 영원한 것과 우리를 연결시켜 준다. 우리들은 두려워하지 말고 이 무궁한 사랑의 끈을 놓지 않으면 안 되는 것이다. 그 곳에 하늘이 있다. 상대적인 세상의 깊은 곳에 숨은 절대자가 있다.

하늘은 우리들 안에 내재되어 있다. 이 마음 속에 내재된 하늘로 나는 돌아간다. 그 곳에서는 모든 공포, 죽음, 재해들이 사라져버린다. 영혼의 세계는 공기처럼 끝이 없는 것이다. 보이지 않아도 공기는 작용한다. 그처럼 영혼도 죽음을 넘어서 하늘의 사명을 이루어낸다. 나는, 영혼의 불멸을 믿는다.

55) 김옥라 역, 『죽음을 어떻게 살 것인가』, 궁리 ; 가가와 도요히코(1888-1960). 기독교 사회주의자이며 기독교 평화주의자. 25세에 미국 프린스턴대학에서 신학을 공부하면서 과학도 공부. 귀국 후 고베에 무료진료소를 개설하고 빈민굴 생활. 빈민굴에서 전염된 트라코마 때문에 시력장애. 사망 5개월 전 상기 유언서 작성.

법정 스님의 유언(7)

남기는 말

1. 모든 분들에게 깊이 감사드립니다. 어리석은 탓으로 제가 저지른 허물은 앞으로도 계속 참회하겠습니다.

2. 내 것이라고 하는 것이 남아 있다면 모두 "(사)맑고 향기롭게"에 주어 맑고 향기로운 사회를 구현하는 활동에 사용토록 하여 주시기 바랍니다. 그러나, 그 동안 풀어 논 말 빚을 다음 생으로 가져 가지 않으려 하니 부디 내 이름으로 출판한 모든 출판물을 더 이상 출간하지 말아 주십시오.

3. 감사합니다. 모두 성불하십시오.

2010. 2. 24.

나의 유언(8)

(살아온 인생을 정리하며, 지금 죽음에 대해 느끼는 생각들, 가족들에게 당부하고 싶은 말들, 못다 이룬 꿈들, 후회되는 일, 감사의 말, 작별의 인사 등에 대해 다음의 항목을 따라 솔직한 마음을 적을 수 있습니다.)

1. 인생을 정리하며 내 스스로에게 하는 말 :

2. 인생을 정리하며 내가 믿는 신께 드리는 말씀 :

3. 이 세상에 남은 가족들에게 하고 싶은 말 :

4. 마지막으로 누구든지, 무슨 일이든지 세상에 대해 남기고 싶은 말 :

5. 사후유산처리문제(기증, 분배, 남은 가족에게 처리 부탁 등)

나의 유언 1 :

나의 유언 2 :

나의 유언 3 :

2. 이별편지 (남기고 싶은 말 : 소중한 사람에게 전하는 메시지)

1) 아버지에게 남기고 싶은 말 :

2) 어머니에게 남기고 싶은 말 :

3) 배우자에게 남기고 싶은 말 :

4) 아들에게 전하고 싶은 말 :

5) 딸에게 전하고 싶은 말 :

6) 기타 친지들에게 전하고 싶은 말 :

부록 1 여러 수속(手續) 절차 및 연락처

장례식(葬禮式) 이후에는 보험회사나 금융기관 등에서 여러 가지 수속이 필요합니다. 가족이 알 수 있도록 기록을 자세히 남기는 것이 좋습니다.

◆ 예금(은행, 우체국 등)

금융기관명	종류	계좌번호

◆ 신용카드

회사명	카드번호	연락처

◆ 주 식

주식명		주식수		명의		증권번호	
증권회사명				액면금액			
주식명		주식수		명의		증권번호	
증권회사명				액면금액			
주식명		주식수		명의		증권번호	
증권회사명				액면금액			
주식명		주식수		명의		증권번호	
증권회사명				액면금액			
주식명		주식수		명의		증권번호	
증권회사명				액면금액			
주식명		주식수		명의		증권번호	
증권회사명				액면금액			

◆ 부동산

소재지							
종류		지번		명의		저당권	
소재지							
종류		지번		명의		저당권	
소재지							
종류		지번		명의		저당권	
소재지							
종류		지번		명의		저당권	
소재지							
종류		지번		명의		저당권	

◆ 기타 자산, 권리(귀중품, 회원권 등)

품명	금액	보관 장소

◆ 대출금 및 채무금

대출(채무)처	대출(채무)액	잔고	담보	상환기한	매월납입일

◆ 생명보험, 상해보험 등

계약회사		보험종류		증권번호	
계약자명		보험금액		보험수취인	
계약회사		보험종류		증권번호	
계약자명		보험금액		보험수취인	
계약회사		보험종류		증권번호	
계약자명		보험금액		보험수취인	
계약회사		보험종류		증권번호	
계약자명		보험금액		보험수취인	

※ 수속에는 각종 서류가 필요하게 됩니다. 자세한 것은 각각의 관련기관에 문의해 보세요.

쉼터

오늘은 우리에게 주어진 선물

당신이 어디에 있는지,
어디를 향해 가고 있는지도 모를 정도로
바쁘게 살지는 말라

사랑이 가장 필요로 하는 감정은
다른 이들이 당신에게
고맙다고 느끼는 것이다.

인생은 경주가 아니라
그 길의 한 걸음 한 걸음을
음미하는 여행이다.

어제는 역사이고 내일은 미스터리이며
그리고 오늘은 선물이다.
그러기에 우리는 현재(Present)를
선물(Present)이라고 한다.

부록 2 기타 하늘여행 준비사항

1. 제사 관련 의견서

제사에 관한 나의 희망 사항 :

예)

1. 가족들 종교가 기독교이지만, 나는 후손들에게 절을 받고 싶다.
2. 기제사, 명절제사 모두 지내주기 바란다.
3. 제사상에는 막걸리를 꼭 올려주길 바란다.
4. 바쁜데 묘지까지 찾아오지 말고, 내 사진을 두고 제사지내길 원한다 등.

쉼 터

접시꽃 당신

도 종 환

옥수수 잎에 빗방울이 나립니다
오늘도 또 하루를 살았습니다
낙엽이 지고 찬바람이 부는 때까지
우리에게 남아 있는 날들은
참으로 짧습니다

아침이면 머리맡에 흔적 없이 빠진 머리칼이 쌓이듯
생명은 당신의 몸을 우수수 빠져 나갑니다
씨앗들도 열매로 크기엔
아직 많은 날을 기다려야 하고
당신과 내가 갈아엎어야 할
저 많은 묵정밭은 그대로 남았는데
논두렁을 덮는 망촛대와 잡풀가에
넋을 놓고 한참을 앉았다 일어섭니다

마음 놓고 큰 약 한번 써보기를 주저하며
남루한 살림의 한구석을 같이 꾸려오는 동안
당신은 벌레 한 마리 함부로 죽일 줄 모르고
악한 얼굴 한 번 짓지 않으며 살려 했습니다
그러나 당신과 내가 함께 받아들여야 할
남은 하루하루
하늘은 끝없이 밀려오는 가득한 먹장구름입니다

처음엔 접시꽃 같은 당신을 생각하며
무너지는 담벼락을 껴안은 듯
주체할 수 없는 신열로 떨려왔습니다
그러나 이것이 우리에게 최선의 삶을
살아온 날처럼, 부끄럼 없이 살아가야 한다는
마지막 말씀으로 받아들여야 함을 압니다

우리가 버리지 못했던
보잘것 없는 눈 높음과 영욕까지도
이제는 스스럼없이 버리고
내 마음의 모두를 더욱 아리고 슬픈 사람에게
줄 수 있는 날들이 짧아진 것을 아파해야 합니다

남은 날은 참으로 짧지만
남겨진 하루하루를 마지막 날인 듯 살 수 있는 길은
우리가 곪고 썩은 상처의 가운데에
있는 힘을 다해 맞서는 길입니다
보다 큰 아픔을 껴안고 죽어가는 사람들이
우리 주위엔 언제나 많은데
나 하나 육신의 절망과 질병으로 쓰러져야 하는 것이
가슴 아픈 일임을 생각해야 합니다

콩댐한 장판같이 바래어 가는 노랑꽃 핀 얼굴 보며
이것이 차마 입에 떠올릴 수 있는 말은 아니지만
마지막 성한 몸뚱아리 어느 곳 있다면
그것조차 끼워 넣어야 살아갈 수 있는 사람에게
뿌듯이 주고 갑시다
기꺼이 살의 어느 부분도 떼어주고 가는 삶을
나도 살다가 가고 싶습니다

옥수수 잎을 때리는 빗소리가 굵어집니다
이제 또 한 번의 저무는 밤을 어둠 속에서 지우지만
이 어둠이 다하고 새로운 새벽이 오는 순간까지
나는 당신의 손을 잡고 당신 곁에 영원히 있습니다.

옥수수 밭 옆에 당신을 묻고

견우직녀도 이 날만은 만나게 하는 칠석날
나는 당신을 땅에 묻고 돌아오네
안개꽃 몇 송이 함께 묻고 돌아오네
살아 평생 당신께 옷 한 벌 못해주고
당신 죽어 처음으로 베옷 한 벌 해 입혔네
당신 손수 베틀로 짠 옷가지 몇 벌 이웃께 나눠주고
옥수수밭 옆에 당신을 묻고 돌아오네
은하 건너 구름 건너 한 해 한 번 만나게 하는 이 밤
은핫물 동쪽 서쪽 그 멀고 먼 거리가
하늘과 땅의 거리인 걸 알게 하네
당신 나중 흙이 되고 내가 훗날 바람 되어
다시 만나지는 길임을 알게 하네
내 남아 밭 갈고 씨 부리고 땀 흘리며 살아야
한 해 한 번 당신 만나는 길임을 알게 하네

2. 나의 영정 사진

영정사진으로 사용할 증명사진 또는 스냅사진을 넣어 둡니다.

(예쁜 영정사진을 붙여 보관합니다)

[장례식장 영정사진비용 : 사진 확대 약 5만원. 액자 약 5~10만원]

3. 나의 유전자(DNA)

나의 유전자를 남김으로써 후손들의 질병예방에 도움을 줄 수 있습니다.

(머리카락 10가락 정도, 손톱 발톱 등을 비닐봉투에 넣어 보관합니다)

부록 3 기타 치료 관련 세부 준비사항

1. 존엄사선언서(Living Will)

저는 제가 병에 걸려 치료가 불가능하고 죽음이 임박한 경우를 대비하여 저의 가족, 친척, 저의 치료를 맡고 있는 분들께 다음과 같은 저의 희망을 밝혀 두고자 합니다. 이 선언서는 저의 정신이 아직 온전한 상태에 있을 때 적어놓은 것입니다. 따라서 저의 정신이 온전할 때는 저 자신이 이 선언서를 파기할 수도 있지만, 철회하겠다는 문서를 재차 작성하지 않는 한 유효합니다.

- 저의 병이 현대의학으로 치료 불가능하고 곧 죽음이 임박하리라는 진단을 받을 경우, 죽는 시간을 뒤로 미루는 연명치료를 일체 거부합니다.

- 단 그 경우 저의 고통을 완화하기 위한 조치는 최대한 취해 주시기 바람. 이로 인해 예를 들어 마약 등의 부작용으로 죽음을 일찍 맞는다 해도 상관없습니다.

- 제가 몇 개월 이상 이른바 식물인간 상태에 빠졌을 때 생명유지를 위한 연명조치를 중단해 주시기 바랍니다.

이와 같은 저의 선언서를 통해 제가 바라는 사항을 충실히 실행해 주신 분들께 깊은 감사를 드리며, 아울러 저의 요청에 따라 진행된 모든 행위의 책임은 제 자신에게 있음을 분명히 밝혀두고자 합니다.

20 　　년 　　월 　　일

본인 성명: 　　　　(인) 　　　가족 성명: 　　　　(인)

증인 성명: 　　　　(인)

2. 사전의료의향서

자기의 뜻과 바람을 무의식상태가 되기 전 의사나 가족에게 적극적으로 알릴 필요성 있음. 고로 사전에 사전의료의향서(특정의료조치 요청서)를 작성해 둘 필요성이 제기됨

[사전의료의향서(특정의료조치 요청서)]

만일 내가 말기나 임종기 상황에 처하면 다음과 같이 해주길 요망합니다(○표 할 것).

1. 의사가 내 상태를 회복 불가능하거나 회복 가능성이 희박하다고 결론 내린 이후에도 내 생명이 최대한 연장되도록 필요한 모든 조치들이 취해지길 원합니다.
2. 의사가 내 상태를 회복 불가능하거나 회복 가능성 희박(　　%이하)하다고 판정한 후라면 나는 적극적 의료시술로 나의 삶이 연장되기를 원치 않습니다.
   a. 나는 일반병원에서 고통을 덜어주는 완화치료만을 받길 원합니다.
   b. 나는 집에서 지내길 원합니다.
   c. 나는 호스피스 기관에서 지내길 원합니다.
3. 의사가 내 상태를 회복 불가능하거나 회복 가능성 희박(　　%이하)하다고 결론 내린 후라도 다음의 생명 연장 조치들이 나에게 행해지길 원합니다(○표 할 것).
   a 심폐소생술, b 수혈, 투석, 약물(항생제, 혈압상승제 등) 투여, c 인위적 수액 영양공급, d 인공호흡기를 통한 산소 공급, e 중환자실 입원, f 응급실 이송
4. (기타) 의사가 내 상태를 회복 불가능하거나 회복 가능성 희박(　　%이하)하다고 결론 내린 후라면 다음과 같은 조치들이 행해지길 바랍니다.

   ____

만약 내가 식물인간이나 뇌사상태, 또는 그것이 확실시 되는 상태에 빠졌을 때는 다음과 같이 해 주길 요망합니다(○표 할 것).

1. 내 심폐기능이 갑자기 정지하는 응급상황이 발생했을 때 심폐소생술이 성공하더라도 단지 지속적 식물인간이나 뇌사상태가 되게 함이 분명할 때는 심폐소생술이 행해지지 않길 원합니다.
2. 내 심폐기능이 갑자기 정지하는 응급상황이 발생했을 때 심폐소생술이 단지 지속적 식물인간이나 뇌사상태가 되게 함이 분명할 때라도 심폐소생술이 행해지기를 원합니다.
3. 내가 뇌사상태나 회복 가능성이 희박(　　%이하)한 지속적 식물인간 상태에 있을 때는 생명 연장을 위한 모든 조치들이 중단되길 원합니다.
4. 내가 뇌사상태나 회복 가능성이 희박(　　%이하)한 지속적 식물인간 상태에 있을 때는 생명 연장을 위한 모든 조치들이 행해지길 원합니다.
5. 내가 뇌사상태나 회복 가능성이 희박(　　%이하)한 지속적 식물인간 상태에 있을 때는 다음의 조치들은 행해지지 않길 원합니다.

   ____
6. (기타) 내가 뇌사상태나 지속적 식물인간 상태에 있을 때 다음 조치들이 행해지길 원합니다.

   ____

작성자:　　　　　　(인)　주민번호:　　　　　　주소:

작성일:　　　　　　　　　작성장소:

3. 의료관련가치관표명서

의료상황은 매우 복잡 다양, 고로 자신의 가치관을 표명하는 문서 준비 필요

[의료관련가치관표명서]

내가 말기나 임종기, 식물인간이나 뇌사상태에 처했을 때 나에 대한 의료적 결정을 다음에 표명된 나의 가치관과 태도에 부합되도록 해 주기 바랍니다.

1. 나는(a 나의 심신이 건강할 때, b 신체적 기능이 온전하지 못할 때에도, c 정신적으로 온전하지 못할 때에도, d 식물인간처럼 영구적으로 무의식상태에 있을 때에도, e 말기 진환에 걸렸을 때에도) 최대한 오래 살기를 원합니다.

2. 나는(a 치유와 생명연장치료에 방해가 되지 않는 한에서, b 치유와 생명연장치료에 방해가 되더라도, c 고통 완화 약물에 의해 의식이 몽롱해지더라도, d 약물이 나를 졸리거나 자게 만들어도) 고통 받지 않기를 원합니다.

3. 임종이 가까워졌을 때 나는(a 집에서, b 병원-호스피스시설에서, c 가족들이 옆에 있는 상태에서, d ________이 옆에 있는 상태에서, e 홀로 있는 상태에서) 생을 마치기를 원합니다.

4. 나는 죽음의 과정에서의 편암함을(a 매우 원합니다. b 중요하게 생각하지 않습니다)

5. 나는 내가(a 말기상태에서 무의식 상태에 빠졌을 때, b 임종기에서 무의식 상태에 빠졌을 때, c 지속적 식물인간 상태일 때) 어떠한 의료조치든 나의 이해(利害)에는 영향을 미치지 않는다고 생각합니다. 그러므로 그런 경우(a 가족들, b 다른 환자, c 사회)에게 가장 이득이 되는 결정이 내려지길 원합니다.

6. 나는 또한 말기나 임종기에 처했을 때 다음의 사항을 원합니다.

____

____

작성자: (인) 주민번호:
주 소:
작성일: 작성장소:

4. 의료대리인지정서

환자가 〈특정조치 요청〉이나 〈가치관 표명〉을 해 둔 경우에도, 어려운 상황이 발생할 때를 대비하여, 대리 결정자를 지명할 필요성 대두

[의료대리인지정서]

1. 나는 내가 의사 무능력 상태에 빠졌을 때 아래의 사람을 나를 대신해 나에 대한 의료조치를 선택할 대리인으로 지정합니다.

   성명 : ______________________ 관계 : ____________________

   위의 사람이 대리인 역할을 하기 어려운 경우 다음 순서대로 대리인이 되어 주기를 바랍니다.

   성명 : ______________________ 관계 : ____________________

   성명 : ______________________ 관계 : ____________________

2. 다음 사람들과의 협의 필요성 여부

   a 나는 대리인이 나의 상태에 대해 다른 가족들(또는 __________)과 상의하여 결정하기를 원합니다. 하지만 다른 가족들(또는 __________)과의 의견이 일치하지 않을 경우 최종 결정권은 대리인이 갖기를 원합니다.

   b 나는 대리인이 다른 사람들과의 의논없이 혼자서 결정하기를 원합니다.

3. 대리인의 권한

   a 나의 건강상태에 대한 정보들을 병원과 의사에게 요구하고 검토할 권한을 갖습니다.

   b 나의 의료정보에 대한 공개 여부를 결정할 권한을 갖습니다.

   c 나를 병원, 호스피스 시설 등에 입원시키거나 퇴원시킬 권한을 갖습니다.

   d 생명유지장치를 포함하여 나에 대한 치료를 중단하거나 보류하는데 동의할 권한을 갖습니다.

   대리인의 권한은 다음 사항에 대해 제한되기를 원합니다.

   ____

   ____

5. 장기기증등록신청서

장기기증 흐름도

기증절차

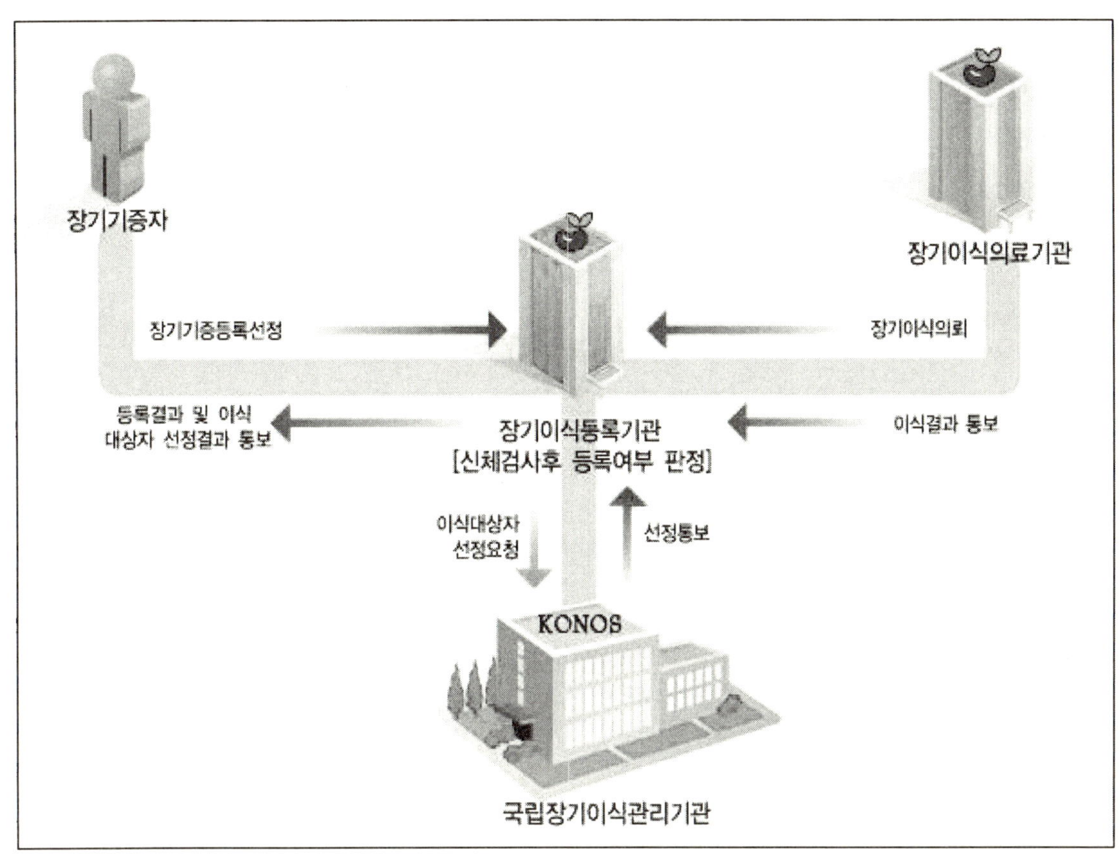

장기기증자 등록

1. 장기를 기증하겠다는 사람이 나타나면 국립장기이식관리기관에서 전국의 장기이식 대기자를 대상으로 이식대상자를 선정하는 장기이식대상자 선정절차를 거치게 되며, 이를 위하여 장기를 기증하고자 하는 사람은 장기기증자로 등록하게 됩니다.

2. 장기기증자로 등록하고자 하는 사람은 전국의 장기이식등록기관 중에서 한 곳을 선택하여 본인이 직접 장기기증자 등록신청을 해야 합니다. 이 경우 장기기증자가 살아있는 자가 아니라 뇌사자 또는 사망한 자인 경우에는, 그 가족이나 유족 중에서 1인이 대신하여 등록 신청을 할 수 있습니다.

등록 시 구비서류

1. 장기이식등록기관에 장기기증자로 등록할 경우에는 다음의 구비서류를 준비하여야 합니다.

▷ 장기등기증자 등록신청서

▷ 장기기증 동의를 확인할 수 있는 서류 : 법 제11조(장기 등의 기증에 관한 동의) 및 제18조(장기 등의 적출 요건)의 규정에 의한 동의를 확인할 수 있는 서류

▷ 뇌사자 또는 사망한 자의 가족 또는 유족이 등록 신청을 하는 경우에는 장기등 기증자의 가족 또는 유족임을 확인할 수 있는 서류

* 관련정보 홈페이지 : 국립장기이식관리센터(http://www.konos.go.kr)

관련 기관

1) 사랑의장기기증운동본부(www.donor.or.kr)
   - 주　소 : 서울특별시 충정로3가 464 충정타워 6층
   - 연락처 : 02)363-2114

2) 생명나눔실천본부(www.lisa.or.kr)
   - 주　소 : 서울특별시 종로구 견지동 54번지 선일빌딩 8층
   - 연락처 : 02)734-8050

<table>
<tr><td colspan="5">장기 등 기증희망등록 신청서</td></tr>
<tr><td>성　　명</td><td colspan="2"></td><td>주민등록번호</td><td></td></tr>
<tr><td>전화번호</td><td colspan="2"></td><td>전 자 메 일</td><td></td></tr>
<tr><td>주　　소</td><td colspan="4"></td></tr>
<tr><td>기증형태
(중복체크 가능)
※ □에는
∨표시를 합니다.</td><td colspan="4">□ 뇌사 시 장기기증(신장·간장·췌장·심장·폐·각막 등)
□ 사망 시 각막기증
□ 조직기증(뼈·연골·근막·피부·양막·인대·건·심장판막·혈관 등)</td></tr>
<tr><td>장기 등 기증희망
의사표시</td><td colspan="4">운전면허증에 장기기증희망 의사표시를 원하십니까?
□ 예　　　　　　　　□ 아니오
※ 운전면허증 신규, 갱신, 적성검사, 재발급 시 가능합니다.</td></tr>
<tr><td rowspan="2">법정대리인 동의
(만20세 미만
미성년자의 경우)</td><td>성　명</td><td></td><td>주민등록번호</td><td></td></tr>
<tr><td>관　계</td><td></td><td>서　명</td><td></td></tr>
<tr><td colspan="5">「장기등이식에관한법률」 제13조 제3항에 따라 본인은 숭고한 이웃사랑의 실천인 장기기증의 취지와 절차에 대한 충분한 설명을 듣고 장기 등 기증희망자로 등록을 신청합니다.

년　　　월　　　일

신청인　　　　　　　　(서명)

(　　　　　　　　)등록기관의 장 귀하</td></tr>
<tr><td colspan="5">※ 첨부서류
○ 법정대리인임을 확인할 수 있는 서류(신청인이 만20세 미만 미성년자의 경우)</td></tr>
</table>

출처 : 국립장기이식관리센터

6. 5가지 소원

[이 파일이 담겨있는 웹사이트는 www.agingwithdignity.org/5wishes.html입니다.]

소원 목록

1. 내가 치료 결정을 내릴 수 없을 때, 내 대신 결정을 내려주는 사람

2. 원하거나 원하지 않는 치료의 종류

3. 원하는 평안함 정도

4. 원하는 간병 방식

5. 사랑하는 가족들에게 알리고 싶은 사항

이　　름 :
생년월일 :

5가지 소원

인생에는 제어할 수 없는 여러 가지 일들이 있습니다. 본 5가지 소원 책자는 생명이 위독한 경우 원하는 치료 방식과 같이 매우 중요한 사항을 통제할 수 있는 방법을 제공합니다.

이 책자는 간편한 양식 작성을 통해 귀하가 원하는 내용을 정확하게 전달할 수 있게 해 줍니다. 이 양식을 작성하여 올바르게 서명한 경우 대부분의 경우 법적 효력을 지니게 됩니다.

◆ 5가지 소원이란?

5가지 소원은 원하는 치료방식 뿐만 아니라 귀하의 개인적, 감정적, 영적으로 필요한 부분에 대해 명시할 수 있는 최초의 생전 유언서입니다. 이는 본인 스스로 치료 관련 결정을 내릴 수 없을 경우, 대신 결정을 해줄 대리인을 선정하도록 해줍니다.

◆ 5가지 소원을 통해 귀하와 가족은 어떤 도움을 받을 수 있습니까?

- 위독한 경우 어떠한 방식으로 보살핌을 받기를 원하는가에 대해 가족, 친구 및 의사들과의 대화의 장을 열어줍니다.
- 귀하가 원하는 것이 무엇인지 가족들이 고민할 필요가 없습니다. 귀하가 중병에 걸렸을 때 가족들이 귀하의 의견을 모르는 상태에서 어려운 결정을 내리지 않아도 되므로 가족들을 보호해 줍니다.
- 귀하는 5가지 소원 생전 유언서를 통해 어머니, 아버지, 배우자 또는 친구가 원하는 바를 알 수 있습니다. 가족 및 친지들이 귀하를 가장 필요로 할 때 적절한 도움을 줄 수 있습니다. 그들이 진정으로 원하는 뜻을 이해하고 따를 수 있습니다.

◆ 5가지 소원 설립 배경

Jim Towey씨는 테레사 수녀와 12년간 함께 일을 한 후 그녀가 운영하는 워싱턴의 한 호스피스에서 1년 동안 생활할 기회가 있었습니다. 이 기간 동안에 얻은 직접 체험을 바탕으로 환자와 그 가족이 사전 계획을 세우고 중병에 대처할 수 있는 방안을 찾게 되었습니다. 이 방안으로 5가지 소원을 만들게 되었고, 지금까지 이에 대한 반응은 폭발적이었습니다. 여러 방송과 매체에 소개가 되었고, 여러 신문들이 5가지 소원을 "마음이 담긴 생전 유언서"라고 칭하고 있습니다.

◆ 5가지 소원은 어떤 사람을 대상으로 합니까?

5가지 소원은 기혼, 미혼, 부모, 성인아이 및 친구를 포함한 18세 이상의 모든 사람을 대상으로 합니다. 모든 연령대의 8백만 명 이상의 미국인들이 이미 5가지 소원을 사용했습니다. 본 양식의 여러 가지 장점으로 인해 변호사, 의사, 병원 및 호스피스, 신앙 공동체, 고용업체 및 퇴직자 그룹은 본 양식 사용을 권장하고 있습니다.

◆ 5가지 소원으로 변경할 수 있는 방법은?

귀하는 이미 생전 유언서나 의료용 영속적 대리위임권을 갖고 계실 겁니다. 이 대신 5가지 소원을 사용하고자 하실 경우 설명대로 새로운 5가지 소원을 작성하기만 하면 됩니다. 이 문서에 서명함과 동시에 이전에 사용했던 사전지시서는 무효가 됩니다. 올바른 양식을 사용했는지 확인하려면 다음 지시에 따르십시오.

- 이전의 모든 생전유언서나 의료용 대리위임권을 폐기합니다. 해당 문서 위에 무효라고 큰 글자체로 표기합니다. 개인 변호사가 이러한 문서 준비에 관여한 경우 이를 통지합니다. 그리고
- 보건의료 대리인, 가족 및 의사에게 새 5가지 소원을 작성한 사실을 알립니다. 그들이 귀하의 새로운 유언서 작성에 대해 알도록 합니다.

소원 1 :

◆ 내가 치료 결정을 내릴 수 없을 때 내 대신 결정을 내려 주는 사람

나는 더 이상 건강관련 결정을 스스로 내릴 수 없으므로 내가 선택한 사람이 대신 이러한 결정을 내리도록 이 양식을 통해 지정합니다. 지정한 사람은 나의 보건의료 대리인이 됩니다. 이 사람은 다음과 같은 경우가 모두 해당될 경우 나의 보건의료 관련 결정을 내릴 것입니다.

- 내가 더 이상 스스로 의료 관련 결정을 내릴 수 없다 라고 나의 외부의사 또는 담당 의사가 판단한 경우, 그리고
- 다른 의료 전문인이 이에 동의한 경우.

보건의료 대리인으로 적절한 사람을 선택하는 방법

귀하를 매우 잘 알고 보살펴 주고 어려운 결정을 내려줄 수 있는 사람을 선택하십시오. 배우자나 가족은 매우 감정적이 될 수 있으므로 최상의 선택이 아닐 수 있습니다. 그러나 때때로 그들이 최상의 선택일 수도 있습니다. 이에 대해서는 귀하가 가장 잘 아실 것입니다.

최적의 결정을 내려 귀하의 희망사항을 잘 이행할 수 있는 사람을 선택하십시오. 또한 필요할 때마다 바로 도와줄 수 있도록 주위에 있는 사람을 선택하십시오. 보건의료 대리인으로 배우자, 가족을 선택하든, 친구를 선택하든 간에 귀하의 소원에 대해 설명하고 해당인이 이 소원의 내용에 동의하고 이를 따를 것임을 확실히 하십시오. 귀하의 보건의료 대리인은 20세 이상이어야 하며 다음 사항에 해당되어서는 안 됩니다.

1. 본인이 사용하는 보건의료 시설, 주거의료 시설 또는 지역사회 간호제공 시설을 포함한 본인의 보건의료 제공자
2. 본인이 사용하는 보건의료 제공자의 직원이나 직원의 배우자
3. 배우자나 가까운 친척을 제외하고 10명 이상에 대해 대리인으로 일하고 있는 경우

다음은 나의 보건 의료 대리인으로 선택한 사람입니다.

제1 대리인 이름 : ____________________ 전화번호 : ____________________

주소 : ____

위의 대리인이 대신 결정을 못하거나 내리기를 원치 않을 경우 또는 나와 이혼을 했거나 법적 별거상태일 경우, 또는 위의 대리인이 사망했을 경우 다음 대리인으로 위임권을 넘깁니다.

제2 대리인 이름 : ____________________ 전화번호 : ____________________

주소 : ____

◆ 보건 의료 대리인 고용에 대한 결정을 철회할 경우 나는…

- 5가지 소원 양식의 해당 부분의 모든 복사본을 파기할 것입니다. 또는
- 담당의사나 가족에게 현 보건의료 대리인의 결정을 취소하거나 변경하고 싶다고 말할 것입니다. 또는
- 권한을 취소하고자 하는 각 대리인의 이름 위에 무효라고 크게 쓸 것입니다. 아울러 해당 페이지에 서명할 것입니다.

나는 나의 보건의료 대리인이 의료관련 결정을 대신 내릴 수 있음을 이해합니다. 나는 나의 대리인이 다음 사항을 이행해 주기를 원합니다.

(아래 사항 중 대리인이 이행하기를 원하지 않는 사항에 줄을 그어 삭제해 주십시오)

테스트 약, 또는 수술과 같은 치료 및 의료 서비스에 대해 나를 대신해 결정을 내립니다. 이러한 치료 또는 서비스는 내 건강상의 문제를 진단하거나 치료하기 위한 것일 수 있습니다. 이에는 생명을 연장시키기 위한 치료가 포함될 수 있습니다. 관련 치료 및 간호가 이미 시작된 경우 내 보건의료 대리인은 이를 지속시키거나 중단시킬 수 있습니다.
내 소원과 가치관에 대한 보건의료 대리인의 이해를 바탕으로 이 양식이나 기타 토의에서 내가 지시한 이행사항을 해석합니다.
나를 대신하여 보조 주거시설, 병원, 호스피스, 또는 양로원 이용 절차에 대해 동의합니다. 내 보건의료 대리인은 내 치료 및 간호에 필요한 모든 종류의 간호 전문인을 고용할 수 있습니다. 또한 내 보건의료 대리인은 필요하다고 판단될 경우, 간호 전문인을 해고할 수 있습니다.
인공적으로 투입되는 음식과 물, 그리고 생명 연장을 위한 기타 다른 치료를 포함한 의료 치료를 요구, 중단하거나 받지 않기로 결정합니다.
나의 의료기록 및 개인 파일을 열람하고 공개를 승인합니다. 이러한 파일들에 대한 나의 서명이 필요할 경우, 내 보건 의료 대리인이 대신해 서명할 수 있습니다.
필요한 치료를 받기 위해 또는 내 소원 이행을 위해 나를 다른 곳으로 이송할 수 있습니다.
고통 경감을 위해 필요한 모든 종류의 약물 투여나 조치를 승인하거나 거부합니다.
내 소원을 이행하기 위해 필요한 법적 소송을 제기합니다.
재사용 가능한 내 신체 기관이나 조직을 법에서 명시한 바에 따라 기증합니다.
나를 위해 메디케어, 메디케이드 또는 기타 프로그램이나 보험 혜택을 신청합니다. 내 보건의료 대리인은 이러한 양식 작성에 필요한 정보를 찾기 위해 은행 기록과 같은 사적인 파일을 열람할 수 있습니다.

소원 2 :

◆ 원하거나 원치 않는 의료 치료의 종류에 대한 소원

나는 내 생명이 매우 소중하다고 믿으며 존엄성을 갖고 치료받을 가치가 있다고 생각합니다. 대화하지 못할 정도로 병이 악화될 경우 다음과 같은 소원 및 내 보건의료 대리인에게 전달한 모든 지침을 존중하고 이행하길 원합니다.

◆ 내 간병인으로서 명심해야 할 사항

- 나는 고통받고 싶지 않습니다. 나는 정상적인 상황에서보다 수면시간이 늘고 더 나른해질지라도 고통을 경감시킬 수 있도록 약을 충분히 투여받기를 원합니다.
- 의사나 간호사가 내 생명 연장에 반하는 행동을 취하거나 상기 목적으로 치료를 생략해서는 안 됩니다.
- 내 입에 음식과 음료가 제공되고 내 몸이 항상 청결하고 따뜻하게 유지되길 원합니다.

◆ 응급상황 시 유의점

응급의료 상황이거나 앰블런스 요원이 도착했을 경우, 소생금지 양식을 확인해 볼 수 있습니다. 의사의 서명을 받아둔 소생금지 양식을 가지고 있다면 본인의 생명이 위급할 때 생명연장 치료를 원하지 않음을 해당 요원에게 알릴 수 있습니다. 담당 의사와 상의하여 소생금지 양식 작성이 필요한지 여부를 확인하십시오.

◆ 내게 있어서 생명유지 치료의 의미

생명유지 치료란 생명을 지속적으로 유지시키기 위한 모든 종류의 의료 절차, 기구 또는 약물 투여를 말합니다. 생명유지 치료에는 인공호흡을 위해 몸에 삽입된 의료 기구, 의료기구를 통한 음식 및 음료 공급, 심폐소생술, 주요 수술, 수혈, 투석, 항생물질 투여 및 생명연장을 위한 기타 모든 것이 포함됩니다. 나의 종교적 또는 개인적 믿음을 이유로 생명유지 치료의 의미를 제한하고자 할 경우 아래 여백에 해당 제한 사항에 대해 명시할 것입니다. 이는 특정 상황에서 원하는 바를 명백히 하기 위함입니다.

____

____

____

____

____

아래와 같은 4가지 상황에서 원하거나 원하지 않는 치료 종류를 명시합니다. 나는 보건의료 대리인, 가족, 담당 의사 및 기타 보건의료 제공자, 친구 그리고 기타 관련인들에게 다음과 같은 지침을 전달하고자 합니다.

◆ 임종 시 :

내가 곧 사망하리라고 담당의사 및 다른 전문 의료인이 모두 판단한 경우, 그리고 생명 연장 치료는 단지 사망시간을 연기함에 지나지 않을 경우, 다음 중 해당 사항 하나를 선택합니다.

□ 생명연장 치료를 받기를 원합니다.

□ 생명연장 치료를 원하지 않습니다. 해당치료가 이미 시작된 경우 중단을 요구합니다.

□ 담당 의사가 도움이 된다고 판단한 경우 생명연장 치료를 받길 원합니다. 그러나 해당치료가 건강상태나 증상 완화에 도움이 되지 않는 경우 중단하기를 원합니다.

◆ 혼수상태에 빠져 다시 깨어나거나 회복이 불가능한 경우 :

의식회복이 불가능한 혼수상태에 빠졌다고 담당의사 및 다른 전문 의료인이 모두 판단한 경우, 그리고 뇌손상을 입은 경우, 생명 치료가 단지 사망시간을 연기함에 지나지 않을 경우, 다음 중 해당 사항 하나를 선택합니다.

□ 생명연장 치료를 받길 원합니다.

□ 생명연장 치료를 원하지 않습니다. 해당치료가 이미 시작된 경우 중단을 요구합니다.

□ 담당의사가 도움이 된다고 판단한 경우 생명연장 치료를 받길 원합니다. 그러나 해당치료가 건강 상태나 증상완화에 도움이 되지 않는 경우 중단하기를 원합니다.

◆ 영구적이고 심각한 뇌손상을 입었고 회복 불가능으로 판단된 경우 :

영구적이고 심각한 뇌손상을 입었다고 담당의사 및 다른 전문 의료인이 모두 판단한 경우(예를 들어 눈을 뜰 수는 있으나 말을 하거나 남의 말을 이해할 수 없는 경우), 그리고 상태가 더 좋아질 가능성이 없는 경우, 그리고 생명연장 치료는 단지 사망시간을 연기함에 지나지 않을 경우, 다음 중 해당사항 하나를 선택합니다.

□ 생명연장 치료를 받길 원합니다.

□ 생명연장 치료를 원하지 않습니다. 해당치료가 이미 시작된 경우 중단을 요구합니다.

□ 담당의사가 도움이 된다고 판단한 경우 생명연장 치료를 받길 원합니다. 그러나 해당치료가 건강 상태나 증상 완화에 도움이 되지 않는 경우 중단하기를 원합니다.

◆ 생명 연장 치료를 원하지 않는 기타사항 :

생명연장 치료를 원하지 않는 기타상황이 있는 경우 아래에 설명합니다. 이러한 상황에서는 생명연장 치료의 비용 및 수고를 감내하기 힘들며 내게 큰 도움이 된다고 생각하지 않습니다. 그러므로 나는 이 상황에서 생명연장 치료를 원하지 않습니다. (예를 들어 말기상황이라든지, 더 이상 정신적으로나 육체적으로나 스스로를 돌볼 능력을 상실할 경우를 말합니다. 이때 생명연장 치료로 회복은 불가능합니다. 더 기술할 기타 상황이 없을 경우에는 그대로 공백으로 두십시오)

____

____

____

____

____

다음 소원들은 내 개인적, 영적, 그리고 정신적 소원에 관한 것입니다. 이 소원들은 내게 매우 중요한 의미를 지닙니다. 나는 임종이 임박했을 때 존엄을 잃지 않은 모습으로 치료와 간호를 받길 원합니다. 따라서 이행 가능 시 소원 3, 4 및 5에 명시한 상황을 이행하기를 원합니다. 내 가족, 담당의사와 기타 보건의료 제공자, 친구들, 및 기타 관련인들이 이러한 사항을 이행하지 못할 수도 있으며, 법적으로 이를 이행해야 하는 것이 아님을 이해합니다. 다음 소원들로 인해 내 담당의사 또는 다른 보건의료 제공자들에게 새 또는 추가적인 법적 의무가 부과되는 것을 원치 않습니다. 또한 다음 소원들을 이유로 담당 의사나 다른 보건의료 제공자들이 법적으로 요구되는 적절한 치료를 내게 제공하지 않는 일이 벌어지지 않기를 바랍니다.

소원 3 :

◆ 원하는 편안함의 정도에 대한 소원
(동의하지 않는 사항은 줄을 그어 삭제하십시오)

나는 고통받고 싶지 않습니다. 정상적인 상황에서보다 수면시간이 늘고 더 나른해질지라도 고통을 경감시킬 수 있다면 약을 충분히 투여받기를 원합니다.
우울증, 구역질, 숨참 또는 환각증상이 나타나는 경우 내 간병인이 증상 경감을 위해 가능한 모든 조치를 취하길 원합니다.
열이 있는 경우 젖은 수건을 내 머리에 얹어 주기를 원합니다
건조함을 막기 위해 내 입술과 입이 촉촉하게 유지되길 원합니다
따뜻한 목욕을 자주 할 수 있기를 원합니다. 항상 몸이 깨끗하고 청결히 유지되길 원합니다.
가능한 한 자주 따뜻한 오일 마사지를 받길 원합니다.
임종 시까지 가능한 경우 좋아하는 음악을 켜놓고 듣기를 원합니다.
고통이나 불쾌감을 동반하지 않는 한, 면도, 손톱정리, 머리빗기 및 칫솔질과 같은 케어를 받고 싶습니다.
임종이 가까워질 때 종교서적 및 좋아하는 시집을 크게 읽어주길 원합니다.
본인과 본인의 사랑하는 가족들에게 의료 서비스 및 정서적 영적 치료를 제공할 수 있는 호스피스 서비스 옵션에 대해 알고 싶습니다.

소원 4 :

◆ 원하는 보살핌 방식에 대한 소원
(동의하지 않는 사항은 줄을 그어 삭제해 주십시오)

가능한 한 사람들이 주위에 있어주길 원합니다. 언제라도 사망할 수 있는 가능성이 있는 경우, 누군가가 내 옆에 있어주길 원합니다.
내가 목소리나 손길에 반응하지 않더라도 가능한 한 내 손을 잡아주고 내게 말을 건네주길 원합니다.
가능한 한 내 주위에서 사람들이 기도해 주길 원합니다.

내 믿음 공동체 형제자매들에게 내가 매우 아프다고 전하고 기도와 방문을 부탁하기를 원합니다.
슬픈 분위기가 아닌 친절하고 명랑한 분위기 속에서 간호받고 싶습니다.
내 방 침대 곁에 사랑하는 가족들의 사진을 놓아주길 원합니다.
대소변을 통제하지 못할 경우 내 옷과 침구가 청결하게 유지되길 원하며 더럽혀졌을 경우 가능한 한 빨리 교체되길 원합니다.
가능하다면 내 집에서 임종하길 원합니다.

소원 5 :

◆ 사랑하는 가족들에게 알리고 싶은 사항에 대한 소원

(동의하지 않는 사항은 줄을 그어 삭제하십시오)

내 가족과 친구들에게 내가 그들을 사랑한다는 것을 전하길 원합니다.
내 가족, 친구 및 다른 사람들에게 상처 주었던 일에 대해 용서받길 원합니다.
내 가족, 친구 및 다른 사람들에게 내게 준 상처에 대해 용서한다는 것을 전해주길 원합니다.
내가 죽음 자체에 대한 두려움이 없다는 것을 내 가족과 친구들이 알기를 원합니다. 나는 죽음이 끝이 아니고 새로운 시작이라고 생각합니다.
가능하다면 내가 죽기 전에 모든 가족들이 서로 화해하기를 원합니다.
내 가족들과 친구들이 건강이 악화되기 이전의 나의 모습을 회상하길 원합니다. 내가 사망한 후에는 바로 그 이전의 모습으로 나를 기억해주길 원합니다.
내 가족과 친구들과 간병인들이 내 소원에 동의하지 않는 경우에도 이를 존중해주길 원합니다.
내 가족과 친구들이 나의 임종 과정을 나를 포함한 모든 이들의 개인적 성장의 시간으로 삼아주길 원합니다. 이를 통해 나는 삶의 마지막 단계에서 의미 있는 시간을 보낼 수 있게 될 것입니다.
내 가족과 친구들이 내 임종을 받아들이는데 어려움이 있을 경우 상담을 받기를 원합니다. 내 인생의 추억들이 그들에게 슬픔이 아닌 기쁨이 되었으면 합니다.
임종 후 내 신체를 다음과 같이 처리해 주길 바랍니다.(택일 동그라미) 매장 또는 화장
내 신체 또는 화장한 재를 다음 장소에 보존하기를 원합니다. ____________________
다음에 명시한 사람은 나의 장례희망 사항에 대해 알고 있습니다. ____________________

나를 어떻게 기억하고 싶은 지에 대해 질문을 받는다면 나에 대해 다음과 같은 내용을 말해 주길 원합니다.

나에 대한 추모식이 있을 경우 다음 사항을 포함해 주길 원합니다.
(특별히 원하는 음악, 노래, 낭독, 또는 기타 내용을 열거하십시오)

(기타 다른 소원이 있는 경우 아래 공간을 이용하십시오. 예를 들어 사망 후 전체 또는 부분 등 기증하고 싶은 신체에 대해 적을 수 있습니다. 공간이 더 필요한 경우 다른 종이에 적어 첨부하십시오)

◆ 5가지 소원 양식 서명

두 사람의 증인의 참관 하에 5가지 소원 양식에 서명하십시오.

나 ____________________은(는) 내 가족, 담당의사 및 기타 보건의료 제공자, 친구, 그리고 기타 모든 관련인들에게 내 보건의료 대리인(대리인이 있고 그가 역할 수행이 가능한 경우)을 통해 전달하거나 이 양식을 통해 명시한 내 소원들을 이행할 것을 요구합니다. 본 양식은 내가 더 이상 결정을 내리지 못하거나 의사를 표명하지 못하게 될 때 유효하게 됩니다. 본 양식의 특정부분이 법적으로 이행이 불가능할 경우, 양식의 나머지 부분을 모두 이행할 것을 요구합니다. 또한 이전에 작성했던 모든 보건의료 사전지시서를 무효화 합니다.

서　　명 : ____

주　　소 : ____

전화번호 : ____

◆ 증인 진술서(2명 이상의 증인 필요)

나, 증인은 이 양식을 서명 또는 승인한 해당인(이하 "해당인")이 내가 개인적으로 아는 사람으로서 본인의 참관 하에 본 보건의료 대리인 및 / 또는 생전유언서 양식을 서명하고 승인하였고 건전한 정신을 지니고 있으며 어떤 협박이나 사기 또는 부당한 영향을 받지 않았음을 선언합니다.

나는 또한 만 19세 이상이며 다음 사항에 해당되지 않음을 선언합니다.

- 본 문서에 의해 상속, 대리, 대행 또는 후임자로 임명된 개인
- 해당인에게 서비스를 제공하는 보건의료, 장기간호, 또는 기타 거주나 지역사회 요양시설의 소유자나 운영자를 포함한 해당인의 보건의료 제공자
- 해당인의 보건의료 제공자의 직원
- 해당인의 보건의료에 대한 재정적인 책임이 있는 경우
- 해당인의 생명보험이나 의료보험 제공자의 직원
- 해당인과 혈연관계, 결혼 관계 또는 입양 관계인 경우
- 내가 아는 한, 법 적용 하에 해당인의 채권자이거나 유인장이나 유언 보충서에 의거해 해당인의 어떠한 유산에 대해서라도 권리가 있는 경우

증인1 서명____________________ 증인2 서명____________________

증인 이름____________________ 증인 이름____________________

주소____________________ 주소____________________

전화번호____________________ 전화번호____________________

◆ 5가지 소원 양식 작성이 끝난 후 참고사항

- 지침에 명시된 바에 따라 해당 양식에 서명하고 증명하십시오. 이 절차가 모두 끝나면 귀하의 5가지 소원 양식이 합법적이고 유효한 문서가 됩니다.
- 귀하를 보살펴 주는 보건의료 대리인, 가족, 및 다른 사람들과 귀하의 소원에 관한 대화를 나누십시오. 완성된 5가지 소원양식 복사본을 나눠주십시오.
- 서명한 원본은 댁내의 안전한 장소에 보관하십시오. 그러나 은행의 대여금고에는 보관하지 마십시오. 필요할 때 부탁한 사람이 신속하게 찾을 수 있도록 가까운 곳에 보관하십시오.
- 아래의 지갑용 카드를 작성하십시오. 그러면 귀하가 5가지 소원을 보관한 장소를 다른 사람들이 쉽게 알 수 있습니다.
- 다음 진료 방문 시 의사에게도 알리고 5가지 소원 복사본을 한 장 주십시오. 이 복사본이 귀하의 의료 기록과 함께 보관되도록 하십시오. 담당의사가 귀하의 소원에 대해 이해하고 그대로 이행할 수 있는지 확인하십시오. 귀하를 치료하는 다른 의사들도 이를 존중하도록 부탁하십시오.
- 병원이나 양로원에서 지내게 될 경우, 5가지 소원 복사본을 가지고 가서 귀하의 의료 기록과 함께 보관할 것을 부탁하십시오.

나는 완성된 5가지 소원 복사본을 다음과 같은 사람들에게 나누어 주었습니다.

____

____

____

5가지 소원은 미래를 계획하도록 도와줍니다. 따라서 법적인 조언이나 모든 종류의 질문에 대한 답을 제공하는 것이 아닙니다. 모든 사람들은 다르며 모든 상황도 각기 다릅니다. 법이란 것은 때때로 변경됩니다. 특정 질문이나 문제가 있을 경우 의료 전문인이나 법조인이게 문의하십시오.

◆ 5가지 소원 지갑용 카드 :

의료 요원에 대한 고지사항 나는 5가지 소원 사전 지침을 보유하고 있습니다. 서명 : ______________________________ 비상시에는 본 문서를 참고 및 또는 본인의 보건 의료 대리인과 상의하십시오. 이　　름: ___________________________ 주　　소: ___________________________ 전화번호: ___________________________	본인의 주치의 이　　름 : _________________________ 주　　소 : _________________________ 전화번호 : _________________________ 해당문서는 다음 장소에 보관되어 있습니다. ______________________________

카드를 잘라 내어 접은 후 코팅하여 보관하십시오.

◆ 다음은 5가지 소원에 대한 사용 후기입니다

"어머니가 돌아가신 지 1년이 지났습니다. 어머니가 준비하신 5가지 소원 생전유언서 덕택에 어머니가 원하시는 바를 알 수 있었습니다. 마지막 순간을 맞이했을 때 저와 남동생은 어떤 일을 해야 하는지 너무 잘 알고 있었습니다. 따라서 저희는 평안한 마음으로 일을 처리할 수 있었습니다." (체릴 K, 플로리다 롱우드)

"일단 5가지 소원이 상당히 만족스럽다고 말하고 싶습니다. 이 양식은 명확하고 이해하기 쉬우며 구체적인 의료관련 문제보다는 더 중요한 의미를 갖는 인간적 간호에 중점을 두고 있습니다. 제 자신과 남편을 위해 사용했습니다." (수산 W, 애리조나, 플래그스탭)

"지금 제가 어머니를 위해 결정을 내리고 있는 것처럼 후에 내 자녀들이 나를 대신해서 이러한 결정을 내릴 필요가 없었으면 합니다. 고려할 수 있는 의료 선택의 옵션이 그렇게 다양한지 미처 몰랐습니다. 매우 꼼꼼하고 세심한 양식을 마련해 주셔서 감사합니다. 간편하게 양식을 작성한 후 자녀들을 위해 파일에 보관해 둘 수 있어 좋습니다." (다이애나 W, 일리노이, 하노버)

부록 4 사전장례의향서

사전장례의향서 해설

1. 우리나라 장례문화의 현황, 문제점 그리고 향후 전망

- 우리나라 장례문화는 과거 수백 년 간 유교의 효(孝)를 바탕으로 성립되어 왔다. 세월이 흐르면서 불교와 기독교의 교리도 크게 영향을 미쳤다. 특히 최근 급변하는 사회 속에 장례문화가 세속화되어 비현실적인 허례허식과 상업화 그리고 고급화가 심화(深化)되었는가 하면 현대인들이 납득할 수 없고 이해되지 않는 여러 의식과 절차들이 끼어들어 우리를 혼란스럽게 할 뿐 아니라 가정과 사회, 국가에 큰 경제적인 부담을 안기고 있다.
- 과거 장례문화의 핵심은 부모 사망이 곧 살아 있는 자녀들의 죄 또는 불효의 결과인 것처럼 인식하고, 그 죄 값을 치르거나 불효를 자책하는 여러 행동들이 장례의식과 절차 속에 스며있었다.

  자기가 죄인 또는 불효라는 사실을 바깥사람들에게 알려야 했고 망자(亡者)에 대한 극도의 슬픔과 애통함을 주위사람들에게 표현하는 것이 장례의식과 절차로 표현되기도 했다. 한 때는 삼년상도 치렀고, 상복에 새끼줄 허리띠와 굴건(屈巾, 葛巾, 頭巾)을 쓰고, 문상객이 나타나면 큰 소리로 곡(哭)을 하기도 하였다.
- 최근에는 부모의 장례식을 자녀들이 자기의 사회적 위상을 알리기 위한 수단으로 이용하는 경우도 생겨났다. 불특정 다수에게 부고를 보내고 가급적 많은 조문객의 방문, 조화(弔花)의 수 등을 통해 자신의 사회적 위상을 나타내는가 하면 부의금을 받음으로써 경제적 이득도 취하고 있다.
- 최근 장례의식과 절차가 상업 및 고급화되어 점점 그 비용이 증가함으로써 가계(家計)에 큰 부담을 주고 있다.
- 우리나라는 2010년 이후 사망자 수가 급증, 이에 따른 경제와 사회적 대책이 시급한 상황이다. 장례의식과 절차, 매장, 화장 그리고 유골 처리 등을 위한 제반시설의 절대 부족 그리고 이를 위한 엄청난 규모의 비용 등은 앞으로 국가,

사회 그리고 가족 등이 감당하기 어려울 정도로 문제가 심각해 질것으로 예견된다.

- 오늘 우리사회는 가족구조가 핵가족에서 소핵가족, 나아가 일인가구로 급속하게 변하고 있고 젊은 세대의 현실적이고 합리적인 사고는 현 장례문화를 그대로 받아 유지 계승할 것을 기대하기 어렵게 되었다.
- 우리는 이제 이러한 상황에서 그 동안 해 온 장례문화와 장례의식 및 절차 등을 전반적으로 재검토해 보고 이를 현실과 타당성에 바탕을 두고 미래를 바라보면서 깊게 논의해야 할 시점에 왔다고 믿는다.

2. 부고(訃告)에 대해

- 부고는 망자의 사망 사실과 장례일정을 알려야 할 사람들에게 알려 장례 의식에 참여 기회를 주기 위한 것이다. 부고는 상주를 비롯한 가족 그리고 망자와 아주 가까이 지낸 친분이 있는 사람들에게 알리기 위한 것이다.
- 하지만 부고가 불특정 다수에게 전해지는 일이 있어 이를 받는 사람 중에는 유족과의 이해(利害) 관계는 물론 시간과 경제적으로 부담을 느끼는 사람도 있다.
- 부고 시기는 보편적으로 사망 직후에 알려 장례의식 참여를 요청하는 것이지만, 망자의 요청에 따라 장례절차를 모두 끝낸 후에 알리는 경우도 있다. 후자는 망자가 자기의 죽음이 다른 사람들에게 부담이 되거나 장례의식이 허례허식으로 치러지지 않기를 원하는 뜻을 담고 있다.
- 부고를 보내는 목적에 조의금을 염두에 두어서는 안 된다.

3. 장례의식(葬禮儀式)에 대해

- 요즘 장례의식은 가급적 많은 문상객의 방문을 받고, 많은 조화를 즐비하게 늘어놓는 것이 망자에 대한 후손의 도리로 생각하는 경향이 있는가 하면 자손들의 사회적 위상을 표현하는 한 수단으로 비쳐지는 현상마저 있다. 이러한 상황에서는 자칫 장례예식에서 망자가 뒷전으로 밀려나는 주객전도 현상이 일어난다.
- 장례의식은 망자의 업적을 기리고 유족(遺族)의 슬픔을 달래는 예식이어야 한다. 따라서 많은 사람들로 북적거리지 않고 조용한 가운데 간소하면서도 엄숙

하게 의식과 절차가 진행되는 것이 바람직하다.

• 요즘 망자나 유족의 뜻에 따라 가족과 가까운 친지들만이 모여 장례의식과 절차를 간소하게 진행하는 것을 선호하는 사람들이 점차 늘고 있다.

4. 염습(殮襲)에 대해

• 염습은 과거 주로 부패로 수분이 흘러내리는 것을 막기 위해 입, 눈, 코 그리고 귀 등을 솜으로 막고 몸을 깨끗이 씻긴 후 수의를 입히기 위한 의식이었다.
• 최근에는 사망이 대부분 병원에서 이루어지고 있어 몸이 깨끗하게 유지되고 또한 특별한 경우를 제외하고는 사망 후 곧 화장되므로 시신의 부패에 대해 걱정할 필요가 없다.

5. 수의(壽衣)에 대해

• 수의는 망자의 영혼이 좋은 곳으로 가는 노정(路程)에서 입히는 의관으로 과거 조선시대에 유행했던 양반계층의 복식(服飾)을 기초로 한 것이다. 옷감의 질은 망자와 유족의 당시 사회적 위상에 따라 정해졌다.
• 오늘의 망자가 일생 한 번도 입어보지 않은 수백 년 전의 의례(衣禮)에 맞춘 낯선 의상을 입고 의례를 치러야 하는 지는 생각해 볼 일이다. 그 나마도 화장(火葬)을 하는 경우 하루 이틀 입을 옷이다.
• 평소에 즐겨 입는 옷을 입는다고 해서 장례의식에 어긋나는 것은 아닐 것이다.

6. 관(棺)의 선택

• 관은 외부에 노출시켜야 하는 특별한 경우가 있을 때를 제외하고는 단지 매장 또는 화장하기 전 하루 이틀간 시신을 담는 용기(容器)일 뿐이다.
• 관은 화장을 하는 경우 시신과 함께 소각되는 것이므로 특별하게 재질이 좋은 고가(高價)의 것으로 선택할 이유가 없다.
• 관의 질이 효의 정도를 나타내는 것이 아니다.

7. 화장(火葬)과 매장(埋葬)

• 과거에는 주로 매장을 하였다. 지금은 좁은 국토면적을 고려하여야 하고 매장할 장소를 구하기 어려워 화장을 크게 선호하고 있다.

8. 화장을 하는 경우 유골(遺骨)의 처리방법

- 성묘 횟수의 감소에 따라 조상에 대한 추모의식이 바뀌고 있다. 과거 유교사상에 바탕을 둔 효의 문화에서 실리적 추모문화로 변화 되고 있다.
- 화장을 한 후 유골은 봉안장(奉安葬), 자연장(自然葬), 수목장(樹木葬), 산골(散骨)의 방법으로 처리할 수 있다. 매장문화에서 화장 문화로의 전환이며 자연친화적인 장법의 개발을 의미하기도 한다.
- 자연장은 잔디형, 정원형, 화초형이 있으며, 수목장은 조성림, 자연림, 산골은 바다산골(해양 장), 선산(先山)산골, 유택산골 등이 있다.
- 화장 후 유골처리 방법에 대한 조사에서는 자연장 60%, 봉안장 23%, 산골 10% 순으로 응답을 보였는데 자연장이 법제화되기 전까지 대부분 봉안장을 선호하였으나 국민 의식은 점차 자연장으로 바뀌고 있다.
- 봉안장인 경우 후손들이 정기적으로 성묘를 한다는 것을 가정(假定)하는 것이다. 이 경우 관리에 지속적으로 큰 비용이 소요될 수 있다. 특히 최근 상업화로 유골 봉안이 지나치게 사치스럽고 크게 만드는 경향이 있어 방식에 따라 비용이 장기간 많이 소요된다.
- 해양장이나 자연림장은 성묘를 갈 이유가 없어 기일(忌日)에 집에서 고인을 추모하는 행사로 대체 가능하다.
- 유골 처리의 원칙은 우리 몸은 흙에서 와서 흙으로 돌아간다는 의식을 바탕으로 해야 한다.

9. 삼우제(三虞祭)와 사십구재(四十九齋 : 시구재, 칠칠재, 누칠재)

- 삼우제는 죽은 이의 혼백을 평안하게 하기위해 지내는 제사이고 사십구재는 사람이 죽은 지 49일째에 좋은 곳에 태어나길 기원하며 행하는 불공의식이다.
- 실제로 삼우제나 사십구재를 하는 경우 망자의 혼백이 편안해지고 좋은 곳에 태어나는데 도움이 되는지는 알 수 없다.
- 망자 본인이 깊이 생각하여 결정하는 것이 옳을 것 같다.

사전장례의향서(事前葬禮意向書)

나에게 사망진단이 내려진 후 나를 위한 여러 장례의식과 절차가 내가 바라는 형식대로 치러지기를 원해 나의 뜻을 알리고자 이 사전장례의향서(事前葬禮意向書)를 작성합니다.

나를 위한 여러 장례의식과 절차는 다음에 표시한대로 해 주기 바랍니다.

1. 기본 원칙

(1) 부고

1.1.1 나의 죽음을 널리 알려 주기 바랍니다.(　)

1.1.2 나의 죽음을 알려야 할 사람에게만 알리기 바랍니다.(　)

1.1.3 나의 죽음은 장례식을 치르고 난 후에 알려 주기 바랍니다.(　)

(2) 장례식

1.2.1 우리나라 장례문화를 바르게 이해하고 전통문화를 계승하는 차원에서 해 주기 바랍니다.(　)

1.2.2 나의 장례는 가급적 간소하게 치르기 바랍니다.(　)

1.2.3 나의 장례는 가족과 친지들만이 모여 치르기 바랍니다.(　)

2. 장례 형식

2.1 전통(유교)식(　)

2.2 천주교식(　)

2.3 기독교식(　)

2.4 불교식(　)

2.5 기타(지정)(　)

3. 부의금 및 조화

3.1 관례에 따라 하기 바랍니다.(　)

3.2 일체 받지 않기 바랍니다.(　)

4. 염습

4.1 정해진 절차에 따라 해 주기 바랍니다.( )

4.2 하지 말기 바랍니다.( )

5. 수의

5.1 사회적인 위상에 맞는 전통 수의를 입혀주기 바랍니다.( )

5.2 검소한 전통 수의를 선택해 주기 바랍니다.( )

5.3 내가 평소에 즐겨 입던 옷으로 대신해 주기 바랍니다.( )

6. 관

6.1 사회적인 위상에 맞는 관을 선택해 주기 바랍니다.( )

6.2 소박한 관을 선택해 주기 바랍니다.( )

7. 시신 처리

7.1 화장 해 주기 바랍니다.( )

7.2 매장 해 주기 바랍니다.( )

7.3 내가 이미 약정한대로 의학적 연구 및 활용 목적으로 기증하기 바랍니다.( )

<화장하는 경우 유골은>

① 봉안장( )

② 자연장( )

③ 해양장( )

④ 기타( )

<매장하는 경우>

① 공원묘지( )

② 선산(先山)( )

③ 기타( )

8. 삼우제와 사구재, 기제사

8.1 격식에 맞추어 모두 해 주기 바랍니다.(   )

8.2 가족끼리 추모하기 바랍니다.(   )

8.3 하지 말기 바랍니다.(   )

9. 기타

영정사진, 제단 장식, 배경음악 등에 대한 나의 의견

이상은 장례의식과 절차에 대한 나의 바람이니 이를 꼭 따라 주기 바랍니다.

년   월   일

작 성 자 이름   서명

주민번호

주   소

연 락 처

입회자 이름

부록 5 존엄치료(Dignity Therapy) 참관기

존엄치료(Dignity Therapy)는 환자들의 존엄성을 지키기 위한 완화치료의 한 방법입니다. 자신의 인생이 본인을 포함한 누군가에게 어떤 중요한 의미를 가진다는 사실을 깨닫도록 도와주는 치료기법이죠. 해외에서는 캐나다 마니토바대(大)의 하비 맥스 초치노프 교수(정신과)와 일본 아이치 현 암센터중앙병원 고모리 야쓰나가 박사(완화치료과)가 수년 전부터 시행해왔습니다. 우리나라에선 이 두 사람이 함께 쓴 '존엄치료-소중한 사람에게 편지를 쓰자'(학지사, 김유숙 서울여대 교육심리학과 교수 역, 2011년)를 통해서 소개만 됐을 뿐 치료에 적용된 적은 거의 없었습니다. 기사에 소개되는 강정화 씨(가명, 65, 유방암 4기)가 공식적인 첫 사례라 할 수 있습니다. 동아일보 주말섹션 'O2'는 강 씨의 존엄치료 전(全) 과정에 참여했습니다. 이를 통해 말기환자의 마지막이 보다 윤택해질 수 있는 길이 또 하나 만들어진다면, 본 기록은 그 자체로도 적잖은 의미를 지닐 것이라고 감히 생각합니다.[56]

생의 끝자락에서 존엄치료를 통해 '자신'을 찾아가는 말기 암 환자

나는 사랑받기 위해 태어난 소중한 사람

"저는 병원에 올 때마나 '죽으러 간다. 이렇게 생각했어요. 병원에 오는 날이면 가슴이 뛰기 시작할 정도로 무서웠어요. 그런데 병원에 오는 걸 즐거움으로 만들어 주신 분이 있었어요. 꼭 나 같다고 느낀 분이었어요. 그분들을 보면서 '내가 산다면 이렇게 누구를 위해 뭘 좀 했으면 좋겠다는 바람이 생겼어요. 산다는 보장도 없고 죽는다는 보장도 없지만 이 팔만 나으면 저는 다시 일을 해서 진짜 많은 사람한테 조금씩, 조그마한 일이라도 뭔가 해주고 싶어요. 지금은 오른손이 저려서 조금만 쓰면 힘이 없어져요. 그래도 진짜 도움이 될 수 있는 사람으로 기억되고 싶어요."

56) 동아일보, 2011.11.19일자 참조.

14일 오후 서울 노원구 공릉동의 원자력병원 8층 호스피스 상담실. 김유숙 교수가 담담히 글을 읽어 내려가는 동안 강정희 씨는 병색을 숨기려 낀, 알 없는 안경테 사이로 계속 눈물을 훔쳐냈다. 어디서도 꺼내본 적 없었던 자신의 얘기였다. '존엄치료'를 받기로 한 그는 앞선 8일 김 교수를 만나 가슴 깊이 묻어둔 얘기들을 조심스럽게 털어놓았었다. 어쩌다 이런 얘기까지 했나 싶어서였을까. 아니면 본인의 기구한 인생이 서글펐던 것일까. 그는 이미 젖어버린 휴지를 왼쪽 뺨에 댔다 오른쪽 눈가에 댔다를 한참이나 반복했다.

"이렇게 잘 써 주실지는 몰랐어요."

모두 자신이 한 말이었다. 단지 글로 옮긴 뒤 어순만 조금 바꿨을 뿐이었다. 그런데도 그는 몇 번이나 "잘 써주셔서 행복하다"고 했다. 가장 소중한 사람들에게, 그리고 자신에게 남긴 '마지막 편지'에 그는 만족스러운 듯했다.

내 삶은 정말 불행했을까?

얼굴도 모르는 남편과 결혼한 건 순전히 어머니의 뜻이었다. 친정은 시골에서 제법 부유한 편에 속했다. 그래도 어머니는 "농사일은 힘드니 반드시 서울로 시집가라"고 입버릇처럼 말하곤 했다. 교사라는 남편의 직업도 어른들을 흡족하게 했다. 어머니는 신혼살림은 물론이고 결혼 6개월 후엔 집까지 마련해줬다.

남편의 성격은 여간 까다로운 게 아니었다. 밥이 질다, 되다 하며 물리는 바람에 한 끼 식사를 세 번씩 차리기도 했다. 사시사철 한복을 입었고, 남편이 식사하는 동안에는 멍하니 곁을 지켰다. 출근할 땐 반드시 발밑에 구두를 '대령'해야 했다. 그런 것 그냥 하면 됐다. 문제는 술이었다. 남편이 술을 마신 날이면 늘 폭력이 뒤따랐다. 물건을 부수는 일도 다반사였다. 던진 물건에 머리를 맞아 일곱 바늘을 꿰맨 적도 있었다. 그래도 다음 날이면 죽을 쑤어 학교까지 갖다 바쳤다. 아무 병명도 없이 살이 빠져 겨우 33kg밖에 나가지 않던 때도 있었다. 모두들 화병이라고 했다. 그래도 헤어질 생각만큼은 하지 못했다. 시골에 계신 부모님 체면 때문이었다. 늘 서울 간 딸을 걱정하던 어머니가 떠올라서였다. 심신이 지쳐갔지만 그냥 참아야만 하는 줄 알았다. 어느 누구에게도 내색 한 번 하지 않았다. 어머니께 효도는 못할망정 걱정까지 끼쳐드릴 수는 없었다.

7년 전이던가 8년 전이던가. 그게 언제라고 벌써 기억이 가물가물하다. 친정어머니가 돌아가신 뒤에야 남편에게 이혼을 하자고 했다. 이젠 굶어도 상관없다는 생각이었다. 다 내려놓고 싶은 마음에 집이고 물건이고 아무것도 챙기지 않았다. 순순히 '놓아준' 남편이 오히려 고마울 따름이었다. 그 이후로 아들과도 연락이 끊겼다. 자신 둘을 홀로 키우는 딸도 제 밥 벌어먹기가 바쁜지 통 연락이 없다. 서운해도 어쩌랴. 팔자가 그런 걸.

"제가 참 바보같이 살았네요."

삶의 막바지에서 인생의 의미를 찾다

강 씨의 굴곡진 인생은 여기서 끝이 아니었다. 2008년 8월에 받아든 유방암 선고. 산을 잘 타 '수락산 다람쥐'라 불리던 그로선 상상조차 못한 일이었다. 서둘러 수술 날짜를 잡고 오른쪽 유방을 도려냈지만, 이미 다른 곳으로 전이가 의심되는 상황이었다. 두 차례의 방사선 치료에도 차도가 없었다. 그리고 이어진 고통스러운 항암 치료. 서너 번 약을 써 보고 효과가 떨어지면 다른 약으로 바꾸기를 세 차례. 한 번도 견디기 힘들다는 항암치료를 벌써 15번이나 받았다. 그마저도 효과가 없었던 걸까. 언젠가부터 오른쪽 팔이 퉁퉁 부어올랐다. 암세포가 뼈까지 전이된 탓이라고 했다. 기분전환삼아 꺼낸 예쁜 블라우스는 팔이 들어가지 않아 번번이 포기했다. 그래서 그는 늘 헐렁한 후드티 차림이다. 거무튀튀해진 손톱은 빨간 매니큐어로 가려지니 그나마 다행이었다.

그는 자신의 얘기를 감추는 데 익숙해진 사람이다. 분명 혼자 감당할 수 없는 일임에도 주변 어떤 사람도 강 씨의 투병 사실을 알지 못한다. 퉁퉁 부은 팔도 그냥 넘어져 다쳤다고 둘러댔다. 지난해던가. 그는 500만 원만 모이면 어디로든 떠나려 했다. 아무도 모르는 곳에서 누구에게도 알리지 않고 조용히 생을 마감하고 싶었다. 몸이 아파도 꾸역꾸역 식당에 나간 것도 그 때문이었다. 300만 원쯤 모였을 때였다. 가끔 연락하던 조카가 갑작스레 200만 원이 필요하다고 했다. 거절이란 걸 해 적이 없던 그였다. 결국 '비밀 계획'은 연기됐다. 뒤늦게 투병 사실을 알고 달려온 올케가 무작정 병원으로 이끌지 않았다면, 그 계획은 지금쯤 실행에 옮겨졌을지도 모른다.

'살고 싶다'고 생각한 것은 그가 가장 소중하게 여기는 두 사람을 만난 뒤부터다. 원자력병원 호스피스실의 권신영 간호사와 이 병원에서 자원봉사를 하는 전두사가 그들이었다. 사실 이름조차 생소한 '존엄치료'를 선뜻 받겠다고 한 것도 그가 절대적으로 신뢰하는 권 간호사가 권유해서였다.

"우리 선생님 (권 간호사) 뵈면 살고 싶어져요. 내가 살아서 어떻게 보답해야 하나 싶어요. 제가 권 선생님과 전도사님 때문에 살고자 하는 의욕이 생긴다니까요."

권 간호사는 존엄치료의 인증집단으로 참여했다. 김 교수가 강 씨와의 면담을 통해 작성한 문서(강 씨의 인생이 담긴)를 '인증'하는 것과 함께 인성적이었던 점을 공유하는 역할이다. 김 교수가 문서를 낭독하는 동안 권 간호사도 느낀 바가 많은 듯했다. 1년 가까이 돌봐 온 환자지만 이렇게 깊은 속내를 들었던 건 처음이었다.

"제가 누군가에게 굉장히 큰 의미를 가지고 있는 사람이구나 하는 생각이 들어서 (간호사로서) 더 열심히 해야겠다는 다짐을 했어요. 한편으로는 더 잘 해드리지 못해서 송구스러웠고요. 강정화님을 만나게 된 것이 제게는 큰 행운이고 보물이랍니다."

강 씨는 작은 흐느낌으로 대답을 대신했다. 가장 소중한 사람이 자신을 두고 '행운'이라고 말했으니 그보다 더 큰 선물이 있을까.

당신이 가장 빛났던 순간은?

김 교수는 앞서 이뤄진 강 씨와의 면담에서 다음과 같은 9가지의 질문을 했다 :

존엄치료에 사용되는 9가지 질문 :

1. 당신의 인생에서 특히 기억에 남는 가장 소중하다고 생각하는 것은 어떤 것입니까? 당신이 가장 생기 있었던 때는 언제입니까?

2. 당신 자신에 대해 소중한 사람이 알아주거나 기억해 주었으면 하는 것이 있습니까?

3. 당신이 인생에서 맡았던 역할 중 가장 중요한 것은 무엇입니까? 그것이 왜 당신에게 중요하고, 당신은 그것을 어떻게 실행했다고 생각합니까?

4. 당신이 이룬 가장 중요한 성취는 무엇입니까? 무엇을 가장 자랑스러워합니까?

5. 소중한 사람에게 꼭 말해두거나 다시 한 번 이야기하고 싶은 것이 있습니까?

6. 소중한 사람에 대한 당신의 희망과 바람은 무엇입니까?

7. 당신이 인생으로부터 배운 것 중 다른 사람들에게도 전하고 싶은 것은 무엇입니까? 남기고 싶은 조언이나 지침은 어떤 것입니까?

8. 장래에 소중한 사람에게 도움이 되도록 남기고 싶은 말 또는 당부 등이 있습니까?

9. 이 영구적 기록을 남기면서 꼭 포함시키고 싶은 다른 것이 있습니까?

모두 존엄치료 매뉴얼에 나와 있는 질문이다. 인생에서 특히 기억에 남는 것이나 가장 소중하다고 생각하는 것, 당신 자신에 대해 소중한 사람이 꼭 알아주거나 기억하길 바라는 것. 소중한 사람에 대한 당신의 희망과 바람 같은 것들이다. 이런 질문들은 본인의 일생을 빠짐없이 기록한다는 의미보다는 삶을 좀 더 의미 있게 반추할 수 있도록 유도하는 역할을 한다. 강 씨와 같은 피치료자들은 이 질문들에 답하면서 자신의 가장 빛났던 순간과 소중한 인간관계를 떠올리게 된다. 상담자는 환자들의 발언 의도를 훼손하지 않는 범위에서 가능한 한 긍정적 메시지를 담은 문서를 작성한다. 이런 '편집행위'의 효과는 무라카미 하루키가 '언더그라운드'(1995년 일본 도쿄에서 일어난 독가스 살포사건 피해자들의 인터뷰 내용을 엮은 책)에 대해 기술한 것에서 엿볼 수 있다.

"문장을 바꾸거나 어떤 것을 삭제하거나 다른 곳에서 가지고 온 것을 끼워 넣기도 한 엄밀한 몽타주의 작업이었다. 흥미로웠던 것은 그처럼 철저하게 손을 봐서 만들어진 원고를 확인하기 위해 이야기를 해준 대상에게 '이렇게 표현해도 괜찮나요?'하면서 보여 주면 대부분 '네. 전부 제가 한 말이군요. 그대로 좋아요'라고 바로 대답했다는 것이다. 지금 다시 읽어봐도 눈물이 난다. 이게 내 문장이라는 것보다 거기에 있었던 사람들의 목소리에 공감하기 때문에 눈물을 멈출 수가 없다." - 무라카미 하루키. 2009년

존엄치료 과정 :

1. 환자에게 9가지 질문을 미리 전달한다.

2. 2, 3일 후 상담자와 환자가 만나 9개 질문과 그 과정에 대해 이야기하고 내용을 녹음한다.

3. 상담자는 녹음한 내용을 문서화한다. 환자가 얘기한 의도를 해치지 않는 범위에서 쉽게 요약하고, 어느 정도 긍정적인 메시지를 가질 수 있도록 편집한다.

4. 문서 작업이 끝나면 환자와 만나 문서를 낭독한다.

5. 환가가 수정할 부분이나 삭제할 부분을 얘기하면 상담자가 이를 반영해 최종 문서를 만든다.

6. 환자의 뜻에 따라 원하는 시기에 그가 직접 지정한 사람들에게 최종 문서를 공개한다. 공개 대상은 배우자나 자녀에 한정될 수 있고, 환자와 비슷한 상황에 놓인 불특정 다수가 될 수도 있다.

존엄치료의 효과는 하비 맥스 초치노프 캐나다 마니토바대 교수(정신과)의 여러 논문에 잘 나타나 있다. 초치노프 교수는 2005년 8월 미국 임상암학회지(Journal of Clinical Oncology)에 발표한 논문을 통해 "캐나다와 오스트레일리아에서 존엄치료를 받은 말기 암환자(100명) 중 76%가 존엄감 상승을, 68%가 목적의식 증가를, 그리고 47%는 살겠다는 의지의 상승을 나타냈다"고 보고했다. 그는 올 2011년 8월 영국 의학학술지 랜싯온콜로지(The Lancet Oncology)에 "존엄치료(108명)는 일반적인 완화치료(111명)나 심리적 지지요법(107명)에 비해 환자들의 삶의 질(Quality of Life) 개선, 존엄감 상승 등에 더 큰 도움을 주었다. 존엄치료는 또한 일반적 완화치료에 비해 슬픔이나 우울함을 감소시키는 데도 더 큰 효과를 나타냈다"는 내용의 논문을 발표했다.

그렇다면 강 씨는 존엄치료가 진행되는 동안 어떤 변화를 보였을까. 1일 사전미팅과 8일 본 면담에서 그는 남편을 '그분'이라 칭하며 극존칭을 썼지만, 14일 문서 낭독 후에는 '별난 사람', '못된 사람'이라는 직설적인 단어를 사용했다. 또 딸이나 조카 등에 대해서도 '서운하다', '억울하다', '화가 난다'는 등의 표현을 했다. (이미 알고 있는 친정식구를 제외하고) 누구에게도 자신의 병을 알리고 싶어 하지 않았던 것에 대해서도 조금 달라진 뉘앙스를 풍겼다.

"옥탑방에서 누가 한 명이라도 같이 있었으면 좋겠다 싶어요. 언제 죽을지 모르니까. 혹시 혼자 있다가 못 일어나면 어떡해요."

김 교수는 이런 변화를 일단 긍정적으로 평가했다. 닫혀 있던 마음의 문이 조금씩 열리기 시작한 것이란 분석이다.

"강정화 씨는 그동안 자신이 받은 상처로 인한 두려움이 굉장히 많은 사람입니다. 그래서 항상 포장해서 말하던 남편에 대해 직설적으로 '못됐다', '별나다'라고 표현하게 된 것은 그만큼 본인의 자존감이 올라갔기 때문이에요. 또 혼자 있는 것에 대한 두려움을 나타낸 것은 이후 누군가에게 자신의 병을 알려야겠다는 생각으로도 전이될 수 있으리라고 생각됩니다."

김 교수는 강 씨에게 존엄치료를 통해 남겨진 문서를 딸이나 다른 가족들에게 전할 생각이 없냐고 몇 차례 물었다. 강 씨 대답은 한결같았다.

"아니요. 제 얘긴 그냥 제가 좋아하는 두 분(권 간호사와 전도사)만 알아주시면 돼요."

김 교수는 강 씨와 마지막 면담 결과를 반영해 '최종문서'를 만들었다. 한 통은 강 씨에게, 또 한 통은 권 간호사에게 전달했다. 언젠가 가족들과 함께 인생을 돌아보고 싶다는 생각이 든다면 권 간호사에게 부탁하라는 당부와 함께. 과연 그런 날이 오게 될까.

"죽기 전에 그러고 싶다는 생각이 들면 말씀드릴게요."

얼마 남지 않은 시간이 너무도 야속하게 느껴지는 그의 뒷모습이었다.

병마와 씨름한 가족사 - 마음으로 환자에게 다가가

김유숙 서울여대 교수는 심리학자다. 심리학자가 말기 암 치료 병동의사들 정도만이 관심을 가질 법한 '존엄치료'와 깊은 인연을 맺게 된 이유는 뭘까.

김 교수는 지난 해 가을 고모리 야쓰나가 교수를 '이야기치료 워크숍'에 초청하는 과정에서 처음 존엄치료를 접했다고 한다. '마치 운명을 만난 듯했어요.' 그는 간단한 설명만 듣고선 곧바로 고모리 교수가 준비 중이던 책을 번역하겠다고 나섰다.

그 배경에는 10년 전 세상을 떠난 오빠가 있었다. 만 50세의 한창 나이에 췌장암으로 숨진 오빠는 문학과 예술적 감각이 남달랐다. 오빠는 생이 얼마 남지 않았음을 전해들은 뒤 "내 지난 시간을 정리해 아이들에게 남기고 싶다"며 가장 먼저 노트북을 가져다 달라고 했다. 하지만 결국 그 바람을 실현하지 못했다.

"고모리 선생의 얘기를 듣는 순간, 내가 만일 10년 전 존엄치료라는 걸 알았다면 얼마나 좋았을까 생각했어요. 오빠는 자신이 살아온 이야기를 문서로 남길 수 있었을 것이고, 제 조카에겐 소중한 유산이 됐겠죠."

김 교수의 남편도 지금 병마와 사투를 벌이고 있다. 그는 언젠가 남편에게도 존엄치료를 시행할지 모른다. 그래서일까. 그는 직업이 아닌 마음으로 환자들을 대하고 싶어 한다.

김 교수는 강정화 씨에게 특별한 제안을 했다. 비록 공식적인 치료 과정은 세 번의 만남으로 끝났지만, 원한다면 개인클리닉인 '한스카운셀링센터'에 언제든 찾아오라는 것이었다. 강 씨는 "행복하다"를 반복하며 감사해했다. 어쩌면 권 간호사와 전도사 외에 김 교수가 강 씨의 세 번째 '소중한 분'이 될 지도 모르겠다.

원자력병원에서는 기자에게 존엄치료를 받을 예정인 환자를 2명 더 소개했다. 그 중 한 명은 폐암말기의 33세의 미혼남성. 홀어머니와의 사이가 좋지 않은 그에겐 존엄치료가 생전에 가족관계를 회복하는 계기가 될 듯했다. 그러나 이 환자는 정중히 치료를 거절했다. 김 교수는 어떻게든 도움을 주고 싶다는 의지를 재차 나타냈고, 그는 드디어 17일 존엄치료를 동의했다. 그가 김 교수를 면담하는 날은 22일. 그러나 병세가 악화돼 정상적인 상황에서의 면담이 가능할지는 그날이 돼야 알 수 있을 것 같다고 병원 측이 전했다. 아무쪼록 그가 존엄치료를 통해 남은 생을 좀 더 편안한 마음으로 보낼 수 있기를 간절히 바라본다.

사람들은 그날을 어떻게 대처하나
죽음은 끝이 아니라 또 다른 삶의 시작입니다

여기 죽음에 대처하는 여러 모습이 있다. 어떤 게 정답인지는 누구도 확신하지 못한다. 다만 분명한 사실이 하나 있다. 죽음도 곧 인생의 한 부분이라는 것이다. 스위스 출신 정신의학자 엘리자베스 퀴블러 로스(1926~2004)는 그의 저서 '인생수업'에서 이렇게 썼다 :

"죽음의 문턱에 선 사람들은 그 순간 인생이 끝나는 것이 아니라 비로소 진정한 삶이 시작된다는 사실을 일깨워준다. 죽음을 선고받으면 죽음이 실체가 있는 대상이라는 사실을 인정할 수밖에 없다. 그와 동시에 삶의 실체도 인정하지 않을 수 없다."

마지막 100일 여정 책으로 남긴 CEO

2005년 5월. 미국 4대 회계법인 중의 하나인 KPMG 그룹의 회장 겸 최고경영자(CEO) 유진 오켈리는 갑작스러운 뇌종양 선고를 받는다. 쉰셋의 그에게 주어진 시간은 고작 3개월. 오켈리는 얼마 남지 않은 그의 삶을 치밀하게 설계하고 그 계획대로 하나하나 실천해 간다. 그리고 100여 일간의 마지막 여정을 글로 기록한다. 물론 죽기 직전의 며칠은 아내인 코린 오켈리가 대신 썼다. 이듬 해 발간된 이 책은 한국에서도 '인생이 내게 준 선물'(꽃삽, 2006년)이란 제목으로 번역됐다. 오켈리는 서문에 '내 인생 최고의 선물인 메리앤과 지나에게. 그리고 이 세상의 동반자이자 다음 세상의 안내자가 되어준 코린에게'라고 썼다. 최고의 선물이었던 가족에게 그는 결코 잊을 수 없는 마지막 선물을 안긴 셈이다. 그것은 동시에 인생을 마감하는 자산에게도 최고의 선물이었다. 그야말로 아름다운, 그리고 품위 있는 죽음이 아닌가.

그렇지만 오켈리는 특별한 경우라고 볼 수도 있다. 삶의 마지막 순간에 자신과 가족을 위해 글을 쓸 수 있는 능력과 경제적 여유를 가진 이들이 그렇게 많진 않다. 그래서 '존엄치료'와 같은 완화치료가 말기 환자들에게 더 중요한 것은 아닐까.

죽음과 자신의 이야기를 영화화한 작가

24일 개봉하는 '50/50'은 20대 중반에 척추암에 걸린 캐나다 출신 영국방송작가 윌라이저의 실화를 영화로 만든 것이다. 영화화를 제안한 사람은 라이저의 실제 친구이자 배우인 세스 로건. 그는 영화의 주인공 애덤의 친구 '카일' 역으로 직접 출연까지 했다. 갑작스럽게 죽음과 맞선 애덤과 그를 돌보는 카일의 투병기는 의외로 매우 유쾌하다. 카일은 암 선고를 받은 애덤을 위로하기 위해 파티를 연다. 두 친구는 희귀암이란 '소재'와 애덤의 민머리를 이용해 클럽에서 여성을 유혹하는 기상천외한 일을 벌이기도 한다.

그러나 죽음은 애덤에게 여전히 벅찬 현실이다. 함께 항암치료를 받던 '미치'가 세상을 떠나자 애덤은 ‘내가 죽을 수도 있다는 생각이 들기 시작했다’고 고백하며 괴로워한다.

“처음엔 모든 사람이 이렇게 말하죠. 괜찮아질 거야. 걱정하지 마. 하지만 그렇지 않죠. 사람들은 왜 사실을 말하기를 두려워할까요? ‘넌 죽어가고 있어’라고.”

영화의 시나리오를 직적 쓴 라이저는 한 때 죽음과 정면으로 맞섰던, 그리고 언제 다시 그런 상황에 빠질지 모르는 자신의 진솔한 이야기를 애덤을 통해 털어 놓은 셈이다. ‘영화의 형식을 가진 편지’로 말이다. 라이저는 병을 극복하고 현재도 작가생활을 계속하고 있다.

1,000명의 죽음을 지켜 본 의사

일본 도쿄의 세타가야 구에서 호스피스 전문의로 일하고 있는 오츠 슈이치는 “죽음이 불행이라면 우리는 모두 불행한 인생으로 끝나게 된다.”고 말한다. 바꿔 말하면 죽음이 곧 불행은 아니라는 얘기고, 이는 곧 행복한 죽음을 맞이하는 방법도 얼마든지 있다는 말이 된다.

그의 베스트셀러 ‘죽을 때 후회하는 스물다섯 가지’의 후속판 격인 ‘삶의 마지막에 마주치는 10가지 질문’(21세기북, 2011년)에는 죽음을 맞이하는 환자와 그 가족들의 다양한 태도가 묘사돼 있다. 수년 간 투병하던 40대 여성이 마지막 숨을 거두려는 순간 중학생인 장남은 “살 수 있다고 그래 놓고. 엄만 우릴 속였어. 속인 거라고!”라고 외치며 울부짖는다. 어른들의 위로에도 아랑곳하지 않던 장남은 “형, 이제 그만하자” 라는 동생의 목소리에 깜짝 놀라 소란을 멈춘다. 그리고 사망선고가 내려진 뒤에야 “여보, 정말 잘 견뎠어. 고마워”라며 오열하는 남편. 저자가 목격한 이 한 장면에서 우리는 죽음을 대하는 다양한 태도를 발견할 수 있다.

죽음을 앞에 둔 50대 남성은 언제나 “약한 소리 말라” “병을 이겨낼 수 있다고 믿고 힘을 내라”고 격려하는 아내 때문에 더 큰 괴로움을 호소한다. “선생님, 제 아내가 걱정이에요. 제가 죽는다는 걸 아직도 받아들이지 못하니 ... 그렇지만 격려를 받는 일이 이렇게 괴로울 줄은 정말 몰랐습니다.”

저자의 결론은 이렇다. 죽음을 앞둔 환자에게 가장 도움이 되는 일은 그의 모습 그대로 받아들여 주는 것이다. 환자가 비록 병을 극복하지 못해도 자신이 지나온 여정을 만족스럽게 돌아볼 수는 있다. 즉, 죽음을 인정함으로써 삶의 의미를 되새길 수 있다는 게 저자의 진심어린 충고다.

부록 6 장례준비사항 및 절차

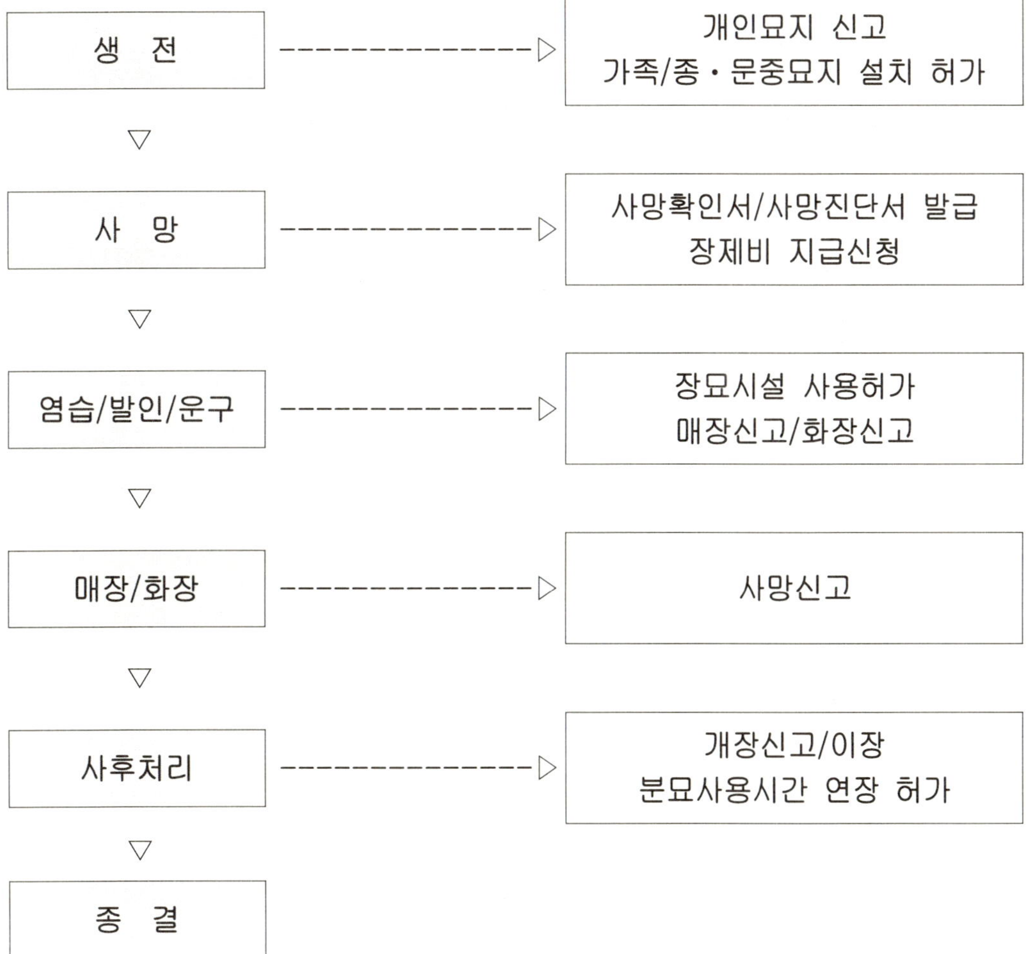

■ 장례절차

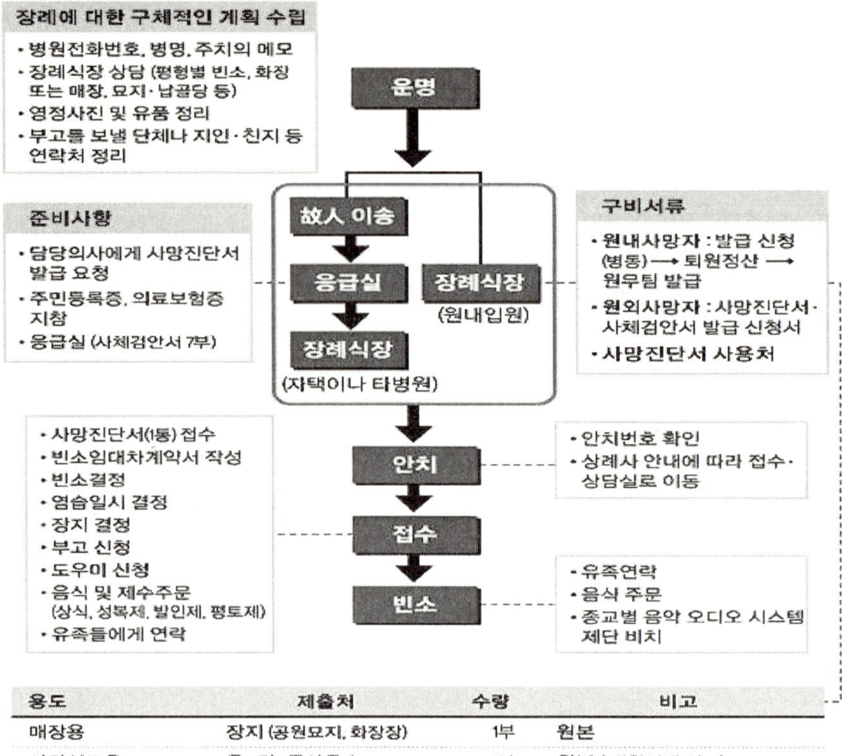

용도	제출처	수량	비고
매장용	장지 (공원묘지, 화장장)	1부	원본
사망신고용	읍·면·동사무소	1부	원본 (1개월이내 신고)
장제비청구용	국민건강보험공단	1부	원본대조필 (1개월이내 제출)
염습용	장례식장 상담실	1부	원본대조필 (1개월이내 제출)
직장제출용	직장	1부	원본대조필
기타	보험회사 등	2부씩	원본대조필

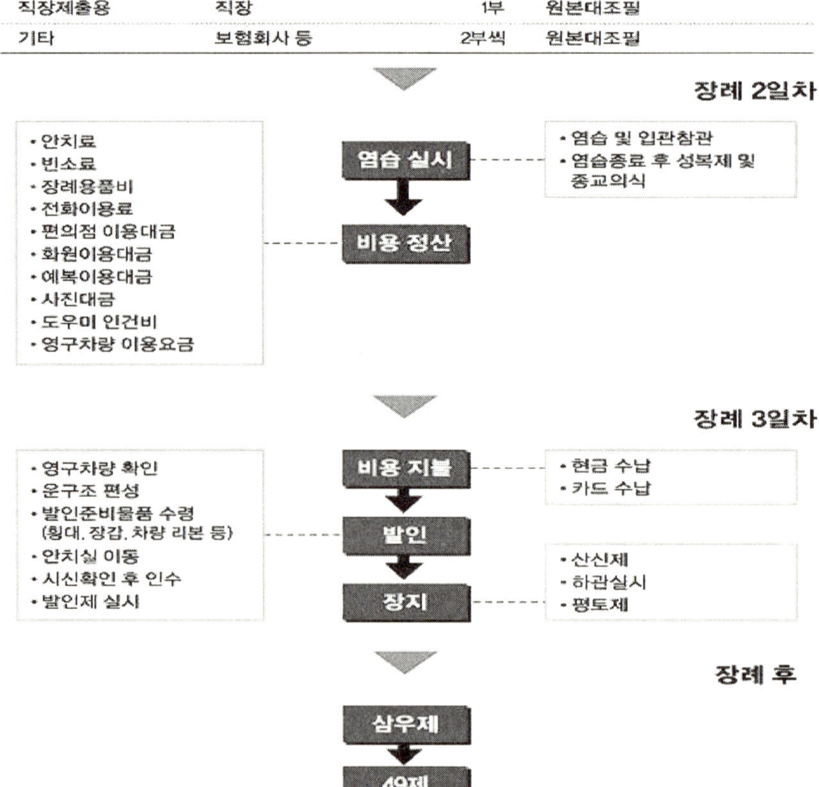

장례란 무엇인가

장례란 생명의 마지막 관문인 죽음을 두고 행해지는 의례 전체를 말합니다. 유족은 장례 절차를 거치면서 고인의 혼(魂)을 위무하고, 죽음의 두려움을 극복할 수가 있게 됩니다. 이처럼 장례는 가족구성원의 슬픔이나 고통을 완화해 주고, 정신적 혹은 물질적 도움을 주며, 또 가족(家族)이나 사회(社會) 공동체의 결속을 강화시켜 줍니다.57)

장례 장소의 결정

우리나라는 1990년대 초반까지만 하더라도, 장례 장소로 가정집이 일반적이었습니다. 그러나 현재는 대부분 장례식장에서 장례를 거행하고 있습니다. 장례식장은 현재 전국적으로 1,000여개(2012년 기준)가 있으므로, 경제적 여건, 이동거리, 예상되는 문상객 수(數) 등을 고려하여 식장을 미리 정해두는 것이 좋습니다. 병원에서 임종하면 임종 후 그 병원의 장례식장을 이용하기도 합니다. 육체적으로 생명이 다한 시신은 곧(대략 1시간 후) 부패가 시작됨으로 장례 절차를 밟아 위생적으로 다루어야 합니다.

장법의 결정

시신을 매장(埋葬) 또는 화장(火葬)할 것인가를 먼저 결정하고, 이에 따라 묘지, 화장장, 봉안(납골)묘 등의 시설을 미리 알아봅니다.

매장(埋葬)은 집안의 문중 종중묘지 또는 가족묘지를 이용하거나, 지방자치단체가 설치한 공설묘지 또는 재단법인묘지를 이용할 수 있습니다. 지자체마다 모두 공설묘지가 설치되어 있지는 않습니다. 그러나 대부분의 공설묘지는 해당 지역주민들에게만 제한적으로 제공이 되므로, 사전에 확인이 필요합니다. 재단법인 묘지(공원묘지)는 어느 지역의 시설을 이용할지 미리 알아보고 접근성, 시설 수준, 가격 등을 검토하여 선택해야 합니다. 현행 장사법에서는 매장은 최장 60년까지 만이며, 사전매매가 제한되므로 관련규정을 미리 알아 둘 필요가 있습니다.

화장(火葬)을 하려면 고인이 사망한 후에 곧바로 화장상을 예약해야 합니다. 화장 예약은 장례식장에서 상담을 할 때 상담의 중요한 항목 중의 하나이므로, 장례

57) 한국죽음학회, 『한국인의 웰다잉 가이드라인』, 84f.쪽 참조.

식장의 장례지도사에게 위임하면 됩니다. 최근(最近)에는 보건복지부에서 관장하고 있는 <E-하늘 장사종합정보시스템>을 통해 전국적으로 하나의 창구로만 화장 예약을 하도록 되어 있어 있습니다.

매장과 달리 화장은, 화장 후 유골을 봉안묘 봉안당 등에 안치할 것인지, 혹은 잔디 화초 나무 밑이나 그 주변에 묻는 등 자연장으로 안치할 것인지 하는, 2차의 장법을 미리 생각해 두어야 합니다. 봉안묘 봉안당 등에 안치하려면, 공공시설이나 사설시설 중 한 군데를 또 선택해야 합니다. 나아가 지방자치단체가 설치한 공공시설의 사용 여부와 사설시설의 사전 정보도 미리 알아봐서 시설의 위치, 시설 수준, 비용 등을 고려하여 준비해두어야만 합니다.

장례 상담

장례는 비일상적인 일이므로 평소에 장례 절차를 다 알고 있을 수는 없습니다. 이 경우 장례전문가(대학 관련학과 졸업자 등)의 자문을 구하거나 장례식장의 장례 상담 담당자의 도움을 받을 수 있습니다. 상조회사의 회원으로 가입했다면, 상조회사의 안내를 받을 수도 있습니다.

장례 절차(장례식장 중심 3일장의 경우)

*** 사전 준비사항**

- 평소 지병이 있으면 병원전화번호, 담당의사, 병명 등을 알고 있어야 합니다.
- 영정사진 또는 영정사진으로 제작할 증명사진, 스냅사진을 준비해 둡니다.
- 임종 시 갈아입힐 깨끗한 옷과 미리 준비한 수의가 있으면 준비해 둡니다.
- 부고 알릴 친지, 지인 및 단체의 담당자 연락처를 정리하여 준비해 둡니다.
- 병원비 정산을 위한 고인의 의료보험카드를 준비해 둡니다.
- 화장, 봉안, 매장 안치 시 필요한 고인의 주민등록초본을 준비해 둡니다.
- 임종관련 남기신 유언서, 장기기증서, 존엄사선언서 등을 준비해 둡니다.[58]
- 유언을 남기실 것을 대비하여 녹음기와 필기도구를 준비해 둡니다.

---

58) 박덕만 강동구, 『사랑하는 나의 가족에게』, 해피엔딩, 126쪽 참조.

＊ 상주를 미리 정해 둔다.

상주는 장례식의 주관자이면서 유족을 대표하는 사람으로서 장례예식 과정에서 결정권을 가집니다. 과거에는 장자(長子)가 상주가 되고, 장자가 없으면 장손(長孫)이 되며, 장손이 없는 경우에는 최근친자가 상주가 되었습니다. 따라서 과거에는 딸이 있는데도 조카 또는 사위가 상주를 맡은 경우가 많았습니다. 그러나 현대 사회는 딸만 있는 가정이 많고, 또한 2008년 호주제 폐지 등 남녀평등사회로 변화하고 있습니다. 따라서 부모 사망 시 아들이 없는 경우는 딸이 상주가 되어 장례를 진행하는 것이 시대흐름에 맞는 추세로 사료됩니다.

＊ 종교의식을 미리 정해 둔다.

장례식은 고인의 종교 또는 가족의 종교에 따릅니다. 그러나 부모 간, 자녀 간에 종교가 다를 수 있고, 이 경우 가족 간에 오해의 소지가 되기도 합니다. 따라서 종교의식은 우선적으로 고인의 신앙이나 생전의 의사가 중요하므로 남은 가족을 위하여 생전에 분명한 의사를 밝힐 필요가 있습니다.

＊ 장례식장, 안치방법, 안치장소를 미리 정해 둔다.

장례장소는 오늘날 대부분 장례식장을 이용하고 있으며, 장례식장은 동선(動線) 등을 고려하여 유족과 조문객이 편리한 지역으로 선정하면 됩니다. 단 장례식장은 동일한 시설규모라 할지라도 시설사용료 장례용품 등 장례비용이 최대 2~3배 이상 차이가 날 수 있으므로, 사전에 장례지도사 등 전문가의 도움을 받거나 E-하늘 종합정보시스템 등을 이용하여 선정하는 것이 장례비용을 절감할 수 있는 합리적인 방법입니다.

자연장, 수목장, 봉안당, 봉안묘, 공원묘지 등 안치장소는 통상적으로 가격, 교통편 등을 고려하여 선정하고 있습니다. 그러나 사기분양 등 범적인 보호를 받기 위해서는 '준공필증', '설치허가서' 등을 반드시 확인하여야 되고, 또한 교통편, 휴게시설, 주차시설 등 부대시설이 중요하므로 사전에 장례지도사 등 전문가와 함께 현장을 방문하여 확인해 보는 것이 필요합니다.

＊ 사망 첫째 날

- 사망 후 장례식장으로 가기 전에 병원에서 사망진단서 또는 사체검안서 발급

을 신청합니다. 차후 사망신고, 보험관련 등등을 고려하여 5~10 장 정도로 넉넉히 신청하는 것이 좋습니다. 사고사나 사인(死因) 미상(未詳)일 경우에는, 관할 경찰서에서 발급한 검사의 필증이 추가로 필요하기도 합니다.

- 장례식장에 연락해 이용 가능 여부를 확인하고, 필요하면 운구 차량을 요청할 수도 있습니다. 유족이 동행하여 장례식장에 운구한 다음, 고인을 안치실로 모십니다.
- 장례식장에서 빈소를 결정하고 임대차계약서를 작성합니다. 이때 빈소의 규모는, 유족과 문상객의 예상 인원(人員)을 고려하여 결정하는 것이 좋습니다.
- 빈소에 미리 준비한 고인의 영정 사진을 모셔 놓고, 제단에는 꽃 장식 등을 합니다. 수의, 관 등의 장례용품과 유족들의 상복은 장례식장에서 적절하게 선택할 수 있습니다.
- 장례 절차를 원활하게 전행하려면 호상(護喪)을 정하는 등 역할을 서로 분담하고, 초상이 났음을 알리는 부고(訃告)를 보냅니다. 부고는 신문의 부고란을 이용할 수도 있고, 아니면 인터넷이나 휴대전화 등을 이용할 수도 있습니다. 부고를 통해 사망일, 발인 일시, 발인 장소, 장지 등을 알립니다.

*** 사망 둘째 날**

- 염습과 입관 : 입관 시간을 정하고, 입관 전에 관, 수의 부속품 등 장례용품을 준비한다. 염습은 시신을 깨끗이 씻기고 수의를 입히는 절차인데, 이때 유족들은 장례식장에 있는 염습실 옆의 참관실에서 장례지도사가 하는 염습 과정을 참관할 수 있습니다. 염습이 끝나면 시신을 입관하는데, 입관 시에는 종교별로 약간씩 다르게 입관의식이 거행되기도 합니다. 입관이 끝나면, 다시 시신을 관(棺) 채로 안치실에 안치합니다.
- 성복 : 입관 의식 후 유가족들은 상복(喪服)으로 갈아입고, 상주는 완장을 착용합니다. 성복제(成服祭)를 빈소에서 갖습니다.
- 발인 준비 : 묘지, 화장장, 봉안시설 등 장사시설 이용에 필요한 서류를 준비하고, 발인 전에 장례식장 이용료, 장례용품비 등을 정산합니다.

*** 사망 셋째 날(발인)**

- 고인이 잠든 관(棺)을 빈소에서 장지 또는 화장장으로 운구하는 절차를 밟습니

다. 빈소에서 장지로 떠나는 것을 발인이라고 하는데, 발인 전에 장지 등에서 사용할 물품을 준비하고 장의 차량을 확인하며, 운구할 사람을 6~7명 정도 결정해 둡니다. 운구는 대개 친지들이나 직계 자녀의 친구들이 하게 되며, 운구할 사람이 없을 때는 운구 인력 서비스를 장례식장에 요청할 수도 있습니다. 발인의식은 종교에 따라 약간씩 다릅니다.
- 빈소를 떠나 장지에 도착하면, 매장에 따른 하관 절차를 전행합니다. 한편 화장은 예약된 화장장에 도착하여 간단한 고별의식을 거친 후 화장하게 됩니다. 화장 후에는 유골함을 봉안시설 등에 옮겨서 안치합니다.

＊ 장례 후 할 일

- 장례가 끝나면 삼우제를 지내고 탈상일을 정합니다.
- 매장신고서는 매장 후 30일 이내에 매장지 관할 시장, 군수, 구청장 등에게 제출해야 합니다.
- 사망 후 1개월 이내에 사망증명서류, 고인의 주민등록증, 신고자 도장 등을 준비하여 주민센터에서 사망신고를 합니다.
- 기타 보험처리 유산상속 등 행정절차를 처리합니다.

장례비용 절감 안내

＊ 장례식장 시설사용료

- 장례식장의 시설사용료는 안치실, 입관실, 빈소, 영결식 등의 사용료로 구분됩니다. 동일한 규모의 장례식장이라 하더라도 운영 형태, 사용 평수에 따라 시설사용료가 2~3배 이상 차이 나므로, 반드시 사전에 장례식장의 빈소 규모, 부대시설 등과 함께 시설사용료를 확인하여야 합니다.

＊ 장례식장의 음식비

- 장례식장의 음식은 일반식당과 달리 밥, 국, 반찬, 과일, 안주 등 각각 주문하여야 하고, 음식비도 각각 책정되어 있습니다. 따라서 장례식장의 음식비는 일반식당보다 비싸고 장례식장별로 많은 가격차이가 나므로, 반드시 장례식장의 음식종류와 가격을 확인하여야 합니다. 제수음식 역시 마찬가지입니다.

*** 장례식장의 장례용품**

- 장례용품은 크게 제단 꽃, 향, 초, 영정 등 빈소용품과 수의, 관 등 입관용품, 장의버스, 리무진 등 차량과 상복 등으로 구분됩니다. 이러한 장례용품은 외부에서 반입할 수 있으나 번거롭기 때문에 대부분 장례식장에서 구입할 수밖에 없고, 같은 장례용품이라 할지라도 장례식장에 따라 2배 이상 가격 차이가 나므로 사전에 장례식장의 장례용품 가격을 확인하여야 합니다.

*** 장례식장의 인력서비스**

- 장례식장에서는 조문객 접대를 위하여 음식도우미는 신청할 수 있으나, 장례 절차를 진행하는 전담요원은 보통 지원되지 않습니다. 따라서 장례 진행, 발인, 화장, 안치 등 전반적인 진행은 상주 또는 유족들이 해야 합니다. 그러나 유가족이 원하면 장례식장에서 전문 장례시도사를 통해 제사진행 등 지원을 할 수 있습니다.

*** 화장, 봉안당, 묘지 등 장사시설**

- 화장할 경우, 고인의 거주 지역 내 화장장을 이용해야 비용을 절감할 수 있습니다. 예) 서울시 거주자 벽제화장자이 이용 시 9만원이나 성남화장장 이용 시 100만원
- 봉안시설이 있는 자치단체의 경우, 시립봉안당 이용 시 15만원이나 사설봉안당 안치 시 약 300만원
- 사설봉안당 및 공원묘지 안치 시 전문 장례지도사의 도움을 받아 사전에 해당 봉안당 및 묘지를 방문하여 교통편, 편의시설, 주차시설 등과 함께 안치비용을 확인하여야 합니다.

장례 후 알아야 할 10가지

1. 사망신고
   - 신 고 인 : 친족 및 동거인
   - 신고기간 : 사망일로부터 1개월 이내 - 신고기간 경과 시 5만원 과태료 부과
   - 접수기관 : 전국 호적관서(구 · 읍 · 면 · 동)

2. 사망자 재산 조회
   - 신 청 인 : 상속인 또는 대리인
   - 신청기관 : 금융감독원(금융소비자 보호센터 ☎ 1332)
   - 조회대상 : 사망자 명의 예금, 대출, 보증, 증권, 보험계약 등
   - 처리절차 : 금융감독원에서 각 금융협회로 조회요청을 하면 20일 이내에 각 금융협회에서 문자메시지 등으로 조회결과 통보, 홈페이지에 게시

3. 자동차 소유권 이전등록 신청
   - 신 청 인 : 상속인 또는 대리인
   - 신청절차 : 상속인의 주민등록지 관할 자동차 등록관청(시 · 군 · 구) 방문
   - 신청기간 : 상속개시일로부터 3개월 이내
   - 과 태 료 : 신청기간 경과 시 최고 50만원 과태료 부과,
     신청기간 만료일로부터 10일 이내 경과 시 10만원 과태료 부과,
     10일을 초과한 경우 매 1일 초과시마다 과태료 1만원
   - 상세문의 : 주소지 자동차 등록관청

4. 화장지원금 신청
   - 지급조건 : 일정기간 해당 시 · 군에 주소를 둔 자가 사망하여 화장한 경우
   - 상세문의 : 지급 금액, 주민등록 요건 등 해당 시 · 군에 따라 조건이 상이하므로
     e하늘장사정보(www.ehaneul.go.kr) 또는 해당 시 · 군에 직접 문의

5. 상속
   - 일반효과 : 사망자의 일신에 전속하는 것을 제외한 모든 권리와 의무를 포괄적으로 승계
   - 순 위 : 1순위 배우자와 직계비속(자녀, 손자 등)
     2순위 배우자와 직계존속(부모, 조부모 등)
     3순위 형제 · 자매
     4순위 4촌 이내의 방계혈족
   - 승인·포기
     - 단순승인 : 상속인이 단순승인 한 때에는 사망자의 권리 · 의무를 제한없이 승계. 단, 한정승인, 상속포기를 하지 아니하거나 상속재산을 처분한 때는 단순승인 한 것으로 본다(법정단순승인)
     - 한정승인 : 상속으로 인하여 취득할 재산의 한도에서 사망자의 채무 변제를 조건으로 상속을 승인

- 상속포기 : 상속 재산에 속한 모든 권리·의무 승계를 포기

• 상 속 세
  - 신고 및 납부 기한 : 상소개시일이 속하는 달의 말일부터 6개월 이내
  - 일반무신고 가산세 : 산출세액×20%
  - 납부불성실 가산세 : 미납부세액×미납일수×가산세율(1일 3/10,000)

• 유의사항 : 선순위 상속권자의 상속포기로 후순위 상속권자가 상속할 시 채무까지 상속될 수 있으므로 후순위 상속권자도 상속포기 신고를 하여야 채무 부담에서 벗어남.

6. 공중위생영업 영업자 지위승계 신고
• 신고기한 : 사망일로부터 1개월 이내
  - 신고기간 경과 시 6월 이하 징역 또는 500만원 이하 벌금
• 신청방법 : 인터넷, 방문, 우편
• 접수기관 : 시·군·구, 민원24(www.egov.go.kr)
• 상세문의 : 관할 시·도 또는 시·군·구 공중위생업무 담당부서

7. 국민연금 신청
• 종 류 : 유족연금, 반환일시금, 사망일시금 등
• 청구자격 : 해당 연금을 받을 수 있는 권리를 가진 자
• 청구기관 : 전국 국민연금공단 지사 어디든지 방문하여 청구(☎ 1355)
• 청구기한 : 급여지급사유 발생일로부터 5년

8. 식품영업 영업자 지위승계 신고
• 신고기한 : 사망일로부터 1개월 이내
  - 신고기간 경과 시 3년 이하 징역 또는 3천만원 이하 벌금
• 신청방법 : 인터넷, 방문, 우편
• 접수기관 : 당초 허가 및 신고 기관, 민원24(www.egov.go.kr)
• 상세문의 : 각 지방 식품의약품안전청 및 관할 시·군·구 식품위생업무 담당부서

9. 제사
• 초 우 : 혼령을 위안하기 위하여 장사를 지낸 당일 지내는 첫 번째 제사
• 재 우 : 초우제를 지낸 다음날 지내는 두 번째 제사
• 삼 우 : 장사를 재낸 후 세 번째 제사. 보통의 경우 가족들의 성묘
• 사십구재 : 돌아가신 날로부터 7일마다 7회에 걸쳐 행하는 제례의식
• 탈 상 : 당일, 삼우, 사십구재 탈상 등이 있으며, 탈상하는 날 제를 올림
• 기 제 사 : 해마다 돌아가신 날 지내는 제사. 전날 밤 준비를 하고 자정을 넘겨 제사를 올림. 현대인들은 돌아가신 날 해가 진 뒤 오후 11시 이전에 제사를 올림

10. 유품정리

집안을 정리하고 고인이 사용하던 유품을 정리합니다.
유족분께서 유품정리가 불가능할 시 전문업체에 의뢰하여 정리토록 합니다.

부록 7 상실감 극복을 위한 노트

1. 비탄에 대하여

사랑하는 사람을 잃게 되면 큰 슬픔을 느껴 여러 가지 증상이 표현됩니다. 그것을 치유하기 위해서는 많은 노력과 오랜 세월이 필요합니다.

남편과 아내, 자식, 부모님 등 중요한 사람을 잃었을 때 사람은 깊은 슬픔(비탄; Grief)을 맛보게 됩니다. 슬픔에는 개인차가 있지만 공통점도 있습니다. 많은 사람은 우선 쇼크(Shock)를 받아, 그 때 혹은 그 후에 고인에 대한 강한 그리움에 사로잡혀 우울함과 죄책감등을 느낍니다. 컨디션(몸의 상태)도 좋지 않고, 마음도 안정되지 않고, 열심히 최선을 다해도 고인이 없는 환경에 잘 적응이 안 되고, 생활의 충족감을 느끼지 못하는 상태가 계속됩니다. 이 상태에서 벗어나기 위해서는, 사별을 충분히 애도하는 작업이 필요합니다. 이 작업을 「비탄의 작업」, 혹은 「상실(喪失)의 작업」(grief work)라고 부릅니다.

2. 치유 상담실

상 담

무엇을 하고 있어도 시간과 장소를 가리지 않고, 고인의 기억이 되살아나 별안간 슬픔이 엄습해 옵니다. 머리가 이상하게 되어 버린 것은 아닌가 하는 생각이 들 정도입니다. 이상이 있는 것인가요?

답 변

대단히 귀한 사람을 잃은 후에 장례의 모든 일정이 끝나고 나면, 이제야 겨우 자기 자신을 마주 대하게 되고, 문득 오싹오싹 고독을 느끼게도 됩니다. 무심코 흘러나온 눈물을 감추지 못해 곤란한 경우도 자주 일어납니다. 특히 사별 후 일 년 이내에는 이러한 경우가 많을 지도 모르겠습니다. 사람에 따라서는 횟수는 줄어도, 몇 년에 걸쳐서 계속 되는 경우도 있습니다.

저도 모르는 사이에 고인(故人)의 생각이 뇌리에 떠오르는 것은, 컨트롤(control)

할 수도 없고, 그것을 멈출 안정제도 없습니다. 그런데 그것은, 고인을 못 잊고 고인의 모습을 강하게 가슴에 새겨놓기 위해서 필요한, 장례 후 누구나 겪는 일인 것입니다.

마음의 동요는 이성적으로는 억누를 수가 없기 때문에, 마음이 이상하게 된 것으로 생각해 버리는 경향이 있습니다. 그러나 이것은 완전히 정상적인 반응입니다.

상 담

너무나 사랑했던 사람을 잃어버린 지 6주가 지났지만, 거의 슬픔을 느끼지 못합니다. 제가 이상한 것인가요?

답 변

보통 사람들은 슬픔 같이 부정적인 감정을 공공연히 드러내는 것에 주저하는 경향이 있습니다. 게다가 사별 직후의 장례식 행사가 계속되는 동안은 무의식적으로 자신의 감정을 억눌러 긴장상태를 유지하려고 하기 때문에, 정말로 슬픈 감정을 억누르고 있습니다. 그 기간이 조금 길어서 마음으로부터 울 수 없고 슬프지 않을 수도 있습니다.

단지, 슬픔을 표현할 수 없는 상태를 이대로 계속하는 것은 본인(本人)으로서도 대단히 괴로운 일이기 때문에, 가능하면 고인(故人)의 이야기를 한다든지, 편지를 쓰거나 해서 자기 자신과 마주 대한다든지, 같이 슬퍼할 수 있는 친구를 찾아보든지, 할 것을 추천합니다.

상 담

머리로는 이상하다고 알고 있지만, 여러 가지로 이유를 달아서 가족을 나무라든지, 자신을 원망한다든지 고인을 원망한다든지, 해 버립니다.

답 변

사람은 깊은 슬픔에 사로잡혔을 때 말하기 쉬운 누군가에 화를 내는 경향이 있습니다. 대단히 중요한 사람을 잃은 것입니다. 이 세상 어디를 찾아봐도 찾을 수 없는 분함으로 인하여 「악한(惡漢) 찾기」와 「원인(原因) 찾기」를 해 버리는 것입니다.

사람에 의한 슬픔의 표현은 여러 가지입니다. 서로가 각각의 경우에 슬픔이 깊을 것으로 이해하려고 노력하는 것이 중요합니다. 그렇지 않으면 가족과 친척 사이가 어색하게 되어서, 사별(死別)로 인해 가장 괴로워하고 있는 자신들을 더욱 더 몰아세워 버리게 됩니다. 이것은 불행(不幸)에다 또 불행을 겹쳐 버리는 것입니다. 이 일을 가족에 이야기하고, 남은 가족들이 될 수 있는 대로 사이좋게 서로 단결해 나가도록, 제안해 보시기 바랍니다.

상 담

밤에 잠을 잘 수가 없습니다. 어떻게 하면 좋을까요.

답 변

소중한 사람을 잃은 후에는, 여러 가지의 원인으로 불면증을 호소하는 사람들이 많습니다. 또한 불면증의 형태도 여러 가지입니다. 잠들기가 힘들다, 숙면을 취할 수 없다, 한밤중이나 아침 일찍 눈이 떠진다......, 라고들 말합니다.

불면은 몸의 상태를 무너뜨리는 원인이 되므로, 병원에서 수면제를 처방받아 복용해 보는 것도 괜찮습니다. 건강유지를 위해서 때로는 약의 도움이 필요하기도 합니다. 몸의 상태가 좀 좋아져 활동을 할 수 있을 정도가 되면, 약을 줄여나가시기 바랍니다.

상 담

남편은 죽은 자식의 이야기를 하고 싶지 않다고 하지만, 저는 같이 이야기를 하고 싶습니다. 왜 남편은 이야기를 하고 싶지 않다고 하는 것일까요?

답 변

아이를 잃고 난 뒤에, 부부가 서로 자연스럽게 아이의 이야기를 할 수 있게 되려면, 상당히 많은 시간이 지나야만 합니다. 왜냐하면 가족 모두가 슬픔에 상처를 받지 않도록, 가족구성원 각자가 슬픔을 표현하는 것을 망설이기 때문입니다. 가족 중에서 제일 슬퍼하고 있는 사람이 진정될 즈음에야, 그 다음으로 슬퍼하고 있는 사람의 슬픔이 줄 수 있습니다. 특히 아버지는 대체로 어머니의 슬픔에 꾹 참고

견디는 일이 많습니다.

또한 슬픔의 형태도 사람과 시기에 의해 여러 가지입니다. 고인의 일에 대하여 생각하고 싶지 않은 시기도 있을 수 있고, 슬픔을 이기려고 일부러 일에 집중해서 버티려고 하는 사람도 있습니다.

상 담

고인을 생각하는 것이 괴로워서 지금의 집에서 이사를 하고 싶습니다.

답 변

소중한 사람을 잃은 후 1년 내외에는 큰 결단을 하지 않는 것이 좋습니다. 예를 들어, 이사, 재혼, 전직, 유품의 처리 등을 들 수 있습니다. 나중에, 그런 일을 하지 않았다면 좋았을 걸 하고 후회하는 일이, 자주 일어나게 됩니다. 사별 후 모두가 고인을 생각나게 할 감각에 빠져드는 경향이 있기는 하지만, 잠시 다시 생각해 보면, 고인과 관계된 모든 것이 사랑스럽기도 합니다.

그 외에도 큰 금액의 지출을 동반하는 일 등도 될 수 있는 대로 피하는 편이 좋겠습니다. 사별(死別) 후는 슬픔에 마음이 가득 차 있는 특별한 시기이기 때문입니다.

상 담

사별 후 벌써 5년이나 지났는데도, 고인을 잊을 수가 없어서 슬픈 마음이 듭니다. 제가 이상한 건가요.

답 변

일반적으로 사람이 소중한 사람을 잃은 후에 슬퍼하는 기간이 평균 4년 6개월 정도이므로, 결코 이상한 것이 아닙니다. 특히 자식을 잃은 사람은 「자기 자신이 자식에 대한 생각을 잊어버리면, 자식이 불쌍하니까......」라고 생각하기 때문에, 슬픔을 잊고 싶지 않다고 생각하는 사람도 많이 있습니다. 고인의 생각을 머리에서 지울 수 없는 특별한 상황이 아닌 이상은 크게 걱정하지 않아도 됩니다.

상 담

아는 사람이 여러 가지로 위로의 말을 걸어오지만, 그것이 오히려 마음의 상처가 되어 버립니다.

답 변

사별에 의한 큰 슬픔을 느끼고 있으면 소외감이 생겨서 자신과 다른 사람과의 기분 사이에 큰 장벽이 생긴 것같이 생각해 버립니다. 격려한다고 해서 해 준 말도 슬픔에 빠져있는 사람의 기분과는 일치하지 않는 경우가 많기 때문에, 「이해할 수 없어」라고 하는 기분과 혼자서 슬픔을 짊어졌다라고 하는 고독감이 더 늘어나 버리게 되죠. 같은 상처를 경험한 사람들끼리가 아니면 상당히 어렵다고 느끼게 됩니다.

하지만, 마음으로부터 나오는 진심어린 위로의 말에는 감사해야 합니다. 그리고 위로의 말을 건네는 사람도, 「그만 슬퍼해라」 등의 말을 무심코 건네지 말고, 슬프다는 것이 당연하다고 명확히 인식하여, 이야기를 들어 주고 같이 슬픔을 나누도록 해야 합니다.

상 담

슬픔에 잠겨 있으면, 점점 괴롭게 되고, 가만히 있을 수 없는 마음이 됩니다. 다른 사람도 다 그런가요?

답 변

슬픔을 인식한다는 것은 참으로 괴로운 일입니다. 때에 따라서는 그 일로부터 떠나는 것도 필요합니다. 그런데 「가만히 있을 수 없다」라고 하는 마음은, 새로운 생활에 자신을 적응시켜 나가는 노력에 찬물을 끼얹는 격이 되어 버립니다.

단지, 신경을 쓸 수밖에 없는 것은, 노력하고 분발하는 것입니다. 몸을 상하게 하지 않으면서 신경을 쓰는 것이 제일 중요할 것 같습니다. 단순한 것 같지만 규칙적이고 바른 생활을 계속하는 것은, 사별의 슬픔으로부터 다시 일어나기 위한 지름길의 하나입니다.

상 담

생활해 나가기 어려운 점이 많아서, 될 수 있으면 누군가에게 의지하고 싶은 마음이 자꾸 생깁니다.

답 변

중요한 동반자를 잃으면 생활하기가 곤란하고 요구나 희망 사항이 많이 생기게 됩니다. 남자의 경우는 처음에 쇼핑, 요리, 물건 놓은 장소 등의 가사와 관련해서 갈팡질팡하게 되겠지요. 한편 여자의 경우, 갱년기나 아이들이 모두 성장해서 분가한 후 동반자를 잃으면, 더욱 고통이 심해집니다. 경제적인 문제도 생기게 되며, 사회적인 위치가 사라져 버렸다고 느끼는 사람도 있습니다.

누군가에게 도움을 요청하는 것도 필요하지만, 다른 사람에게 너무 의지하지 않고 서서히 고인이 없는 새로운 환경에 적응해 나가도록 노력하는 것이 좋습니다.

상 담

장례 기간에 마음이 너무 괴로워서 가능하면 장례절차를 빨리 끝내고 싶다는 생각이 듭니다.

답 변

장례를 치르는 기간에는, 고인을 생각 할 때에 마음이 크게 흔들려 완전히 지쳐 버립니다. 그것과 동시에 눈물을 흘리면서 그것을 견디려고 노력합니다. 장례 기간에는, 슬픔을 충분히 표현하여 그것을 자기 나름대로 받아들여나가는 것이 무엇보다 중요합니다.

이것은 고인과 일찍이 쌓아왔던 세월에 대한 보답일 수 있으므로 괴로워하는 것을 너무 괴로워하거나 의미 없다고 생각하지 마시기 바랍니다. 장례식은 고인에게 감사의 마음을 전하는 중요한 시기라고 생각해 주시기 바랍니다.

3. 비탄 강좌

비탄의 증상

사별에 의해 소중한 사람을 잃으면, 그 직후부터 수년간은 특유의 정신적 신체적 증상이 나타납니다. 또 보통 때는 취하지 않는 행동을 하는 일도 있습니다.

정신적 반응부터 알아보겠습니다. 처음에는 강한 충격을 받아 머리가 일순가 새하얗게 되고, 앞뒤의 상황이 생각나지 않는 일이 많습니다. 그 후에 심한 슬픔이 밀어 닥치고, 고인(故人)에 대한 끊을 수 없는 사모하는 마음이 생기게 됩니다. 이러한 것들은 스스로도 컨트롤할 수 없고, 또 스트레스를 제공하는 원인이 되어서, 우울한 기분, 분노, 죄책감 등을 야기시키게 됩니다.

신체적으로는 수면, 식욕의 장해, 체중의 감소, 피로감 등의 증상이 생기게 됩니다. 그리고 이로 인해, 병원이나 의원을 찾는 분들이 많아지게 됩니다.

다음으로 행동을 관찰해 보면, 안정이 안 되고, 충동적으로 행동하고, 눈물짓는 일도 많고, 멍청하게 있기도 하고, 무엇을 잘 잊어먹는 등의 경향을 관찰할 수 있습니다. 특히 고령으로 배우자를 잃은 사람의 경우, 가족들은 노인성 치매와 별 차이가 없으므로 혼동하지 않도록 주의할 필요가 있습니다.

그런데 이러한 증상들은 모두 슬픔의 정상적인 반응들이므로, 따라서 그것을 인정하고 받아들여 나갈 필요가 있습니다.

비탄의 과정과 여파

사별(死別)의 슬픔을 표현하는 방법에는, 개인차가 있어서 다른 부분도 있을 수 있지만, 그래도 몇 가지의 공통적인 가정을 찾아볼 수가 있습니다.

처음으로 「쇼크(Shock)기(期)」는, 사별직후의 망연자실의 시기입니다. 감정은 마비되고, 사별(死別)의 사실은 이해할지라도, 감정면으로는 현실을 충분히 받아들일 수가 없습니다.

다음으로 「상실기」는, 고인을 잃었다는 것에 감정면으로도, 생활면으로도 직면하는 시기입니다. 큰 슬픔과 고통이 한꺼번에 확 밀려옵니다. 계속해서 밀려오는 거친 파도 가운데, 요동과 혼란이 최고조로 되어, 주위에 분노를 나타낼 수도 있습니다.

다음으로 「폐쇄기(마음을 닫아버리는 시기)」는, 거꾸로 기분의 울적함과 무기력감이 덮쳐오는 시기입니다. 자책감에 빠진다든지, 무의식적으로 고인의 존재를 느낀다든지, 고인을 찾는다든지 하는 것을 반복하게 되어서, 우울함 또는 살기가 괴롭다고 생각하게 됩니다.

마지막으로 「치유생성기」에는, 죽음을 완전히 받아 들여 새로운 자신을 모색하기 시작합니다. 그러나 기일(忌日)이라든가 고인이 생각나는 장소(場所)에 가게 되면, 「상실기」나 「폐쇄기」에로 역행하는 일도 있습니다. 사람에 따라서는 하루 사이에 모든 과정을 경험하는 일까지도 있습니다.

전체 흐름을 이야기한다면 슬픔의 여파는, 사별 당시의 큰 파도로부터, 이어서 중간 파도, 그리고 몇 년이 경과한 후에는 작은 파도로 가라앉습니다. 단 때에 따라서는, 작은 파도 중에 큰 파도나 중간 파도의 여파가 섞여서 밀려오는 경우도 있습니다.

사모와 우울

장례 중에 고인과의 사별을 표현하는 의식적인 행사가 되풀이되어 가기 때문일지도 모르겠지만, 일반적으로 사람들은 고인의 죽음을 그런대로 잘 받아들이기도 합니다. 그러나 고인을 몽상(夢想)한다는지 고인이 마음속에 존재하고 있지는 않는지 하여 고인과의 접촉을 유지하고 싶다고 생각해서, 일반적으로 「사모」의 생각을 가지게 됩니다.

보통 유족의 문집을 읽어보게 되면, 평온하고 다채로운 표현에 놀라게 됩니다. 그러나 현실적으로는, 이 세상에서의 대면은 두 번 다시 없습니다. 왜 자신만이 이러한가, 하찮은 것에 대한 후회의 생각과 죄악감, 스트레스가 겹쳐지고, 기분이 떨어지고, 무기력감, 허무감이 정착해 갑니다. 반응성의 「우울」의 상태입니다.

일반사람들의 비탄의 특징은 고인을 격렬하게 추구하는 것 같은 언행은 나타내지 않지만, 장기간에 걸쳐서 「사모」의 생각을 가져 「우울」의 상태로 되는 경향이라는 것입니다.

사별 후 한 동안의 「사모」는, 죽은 사실을 마음으로는 꽤 인정하기 힘든 일이지만, 얼마 안 되어 마음에 있는 추억을 확인하고 새로이 마음에 받아들이는 것으로 변화해 갑니다.

「우울」의 증상으로는, 마음에 구멍이 열려있는 것 같은 기분으로 집중력이 결핍되어 멍하게 되는 상태와, 그 역으로 초조감으로 안달복달한다든지 무리를 해서 무언가를 해야지 하는 상태를 되풀이 하는 것입니다.

병적인 비탄

어떤 조사에서는 유족의 과반수 가까이가 신체적 불균형(장애)을 호소하고 있습니다. 신체적인 부조화, 수면장애, 피로감, 식욕부진, 현기증 등이 대표적인 것입니다. 이러한 것들은 슬픔에 대한 정상적인 반응입니다. 그러나 비탄 장례의 과정이 정상보다 오래 걸린다든지, 정도가 너무 심하다든지, 병적인 상태로 되는 경우가 있습니다. 이런 경우에는 정신과적인 치료가 필요합니다.

또한, 반대로 슬픔을 거의 나타내지 않는다든가, 비탄을 느낄 수가 없는 상태도 정상이라고는 말 할 수 없습니다. 우울증, 불안감, 강한 의존성, 무기력, 특정한 사람에 대하여 격렬한 분노나 적의를 가지고 있는 경우에도 주의가 필요합니다.

같은 증상이 나타난다고 해도, 그것이 사별(死別) 후 단기간에 볼 수 있는 현상인지, 아니면 2~3년이 되어서 나타나는 현상인지에 따라서, 완전히 의미가 달라집니다. 전자(前者)의 대부분은 정상적인 반응으로서, 시간이 경과함에 따라 치유되어 가는 것이 보통입니다.

유족을 볼도는 방법

사별의 슬픔 초기(初期)부터 우리들은 자연스럽게 자신의 마음을 지키는 행동을 취하고 있습니다. 바쁘게 활동하는 등 신체를 바쁘게 하는 것도 그 중의 하나입니다. 사별의 사실에 무관심한척 한다든지, 경시하고자 하는 경우도 있습니다. 음악을 듣는다든지, 짧은 여행을 간다든지, 때에 따라서는 종교 서적, 생사학(生死學)에 대한 근본을 탐구하는 책을 읽기도 합니다. 시간이 지남에 따라 이것으로부터 벗어날 수 있는 경우도 있습니다만, 어떤 때에는 약물이나 알코올(술)에 의존하기도 하고, 특정의 사람만을 믿어버리는 「의존증」도 있습니다.

비탄을 극복해 나가는 작업은, 자기 스스로 주도적으로 자신과의 싸움을 할 필요가 있습니다. 새로운 생활에 적응하기 위해서, 예를 들어 다음과 같이 구체적인 목표를 세울 필요도 있습니다.

1) 슬픔을 표현한다.

2) 자기 자신의 상태를 되돌아보고 혼란을 정리한다.

3) 고인에 대하여 예(禮)를 표하거나 진술한다든지, 사죄나 용서를 구하는 등 신경이 쓰였던 것을 말한다든지, 편지를 쓴다든지 ... 한다.

4) 삶과 죽음에 대하여 자기 나름대로의 생각을 정리해 본다.

5) 고인(故人)이 살아온 삶의 방식을 할 수 있는 범위에서 계승하여, 생활의 장(場)에서 살릴 수 있도록 계획하고 실행해 나간다.

어디에서부터라도 상관이 없으므로, 할 수 있는 것부터 행하여 보시기 바랍니다. 슬픔을 표현하는 것은, 자신감을 가지고 새로운 인간관계로 출발하는 첫걸음이 됩니다. 슬픔에 대하여 이야기를 하는 것은, 사람을 곤혹스럽게 하는 면이 있으므로 피하는 수도 많습니다만, 같은 경우(처지)의 사람들끼리라면, 거리낌 없이 이야기를 나눌 수도 있으며, 상대방의 슬픔을 들어주는 것이 상당히 자신의 혼란한 마음을 정리하는 데에도 도움이 될 수 있습니다. 고인을 아픔 없이 상기(想起)할 수 있으면, 슬픔은 거의 회복되었다고 말해도 좋겠습니다.

슬픔을 돌보는 회(會) (그리프케어 회)

지금까지 한국사회에서는 사별의 슬픔을 회복하도록 도와주는 「그리프케어(Grief Care)」라는 사고방식(思考方式)이 없었습니다. 게다가 슬픔을 표현하는 것에 저항감을 느끼는 사람들도 많은 것이 사실입니다.

슬픔에 처해 있는 사람들의 대부분은 주위와 자기 자신 사이에 장벽이 있는 것 같이 느끼고, 보통 소외감을 지니고 있습니다. 이처럼 슬픔을 표현한다든지 이야기를 들어줄 필요가 있음에도 불구하고, 그러한 장(場)이 없는 사람이 많은 것입니다.

처해 있는 환경이 같은 사람들끼리 서로 도와주는 것을 「자조(自助) 그룹」이라고 합니다(유유상종, 동병상린). 사별로 인한 비탄의 상태에 있는 사람들의 자조그룹으로서의 「그리프케어회(Grief Care)」가 전국적으로 있을 필요가 있습니다. 같은 고민을 가지고 모여, 슬픔을 표현하고, 상담에 응하기도 하고, 나아가서 상대의 고통을 몸소 느낄 필요도 있습니다.

좋은 리더와 확실한 목표와 전망을 가지고 있는 모임이라면, 슬픔 회복에 도움이 될 것입니다. 마음을 같이 하는 집단에는 불가사의한 힘이 있어, 일체감을 느끼게 해 준다든지, 신뢰감을 북돋아 준다든지, 마음을 정화시킨다든지 할 수 있습니다. 이 모임을 통해, 전화나 이메일 상담, 창작활동 모임 등을 할 수도 있습니다.

장례와 제사의 의미

인간의 죽음은 사회적(社會的)으로 공표(公表)되지 않으면 안 됩니다. 장례의 첫 번째 목표는 거기에 있습니다. 한국의 장례식 순서에는 고인과의 결별을 몇 번이나 확인하는 일, 예를 들어, 수시(收屍), 염습, 입관, 봉안 등의 절차가 있습니다. 또 베개를 북쪽에 놓거나 병풍을 거꾸로 세우는 등의 관습에도, 고인과의 관계 변화를 강조하는 의미가 있어, 고인이 죽은 사실을 받아들이도록 인식시키고 있습니다. 또한 장례에 있어서 종교적인 의미는 유족에게 위로가 되고, 마음의 안정을 도와줍니다.

제단(祭壇)과 묘(墓)는 그 앞에서 공공연히 슬픔을 표현하기 좋은 장소(場所)이며, 장례와 상복을 입는 기간은 그것을 위한 시간입니다. 또한 제단과 묘 앞에서 행하는 추모와 공양은 고인과 대면하여, 고인에 대한 생각을 확인하고, 새롭게 하기 위한 동기가 될 수도 있습니다.

결국 제사(祭祀)는 자신의 가족이 한자리에 모여 고인이 죽은 후의 인간적인 성장을 친지들에게 보고하여 재확인하는 기회로도 삼을 수 있습니다.

생각하고 있는 것, 느끼고 있는 것, 사별에 의한 슬픔에 관하여

(예)

	마음	신체	행동
1. 체중이 12㎏ 이나 줄었다.		○	
2. 무엇을 먹어도 입맛이 나지 않는다.		○	
3. 피로감이 없어지지 않는다.		○	
4. 무엇을 해도 재미가 없다.	○		
5. 무엇도 할 기분이 나지 않는다.			○
6. 아침을 맞는 것이 괴롭다.	○		
7. 가족과 갔던 곳에는 다시 가고 싶지 않다.	○		
8. 가슴이 고통스럽다.		○	
9. 신체를 푹 쉬게 하고 싶다.	○		
10. 사람 앞이나 사람들이 모여 있는 곳을 피하고 싶다.			○
11.			
12.			
13.			
14.			
15.			
16.			
17.			
18.			

※ 앞쪽 페이지의 (예)를 참고로 해서 기입해 주세요.
※ 이것은 평가를 내리는 것이 아닙니다. 현재 당신의 심신 상태를 알기 위한 것입니다.
※ 마음, 신체, 행동으로 나누어 자신의 변화가 어디에 강하게 나타나고 있는지 체크해 주세요.
※ 쓰는 난이 모자라면, 추가로 써 주세요.

	마음	신체	행동
1.			
2.			
3.			
4.			
5.			
6.			
7.			
8.			
9.			
10.			
11.			
12.			
13.			
14.			
15.			
16.			
17.			
18.			

슬픔의 과정

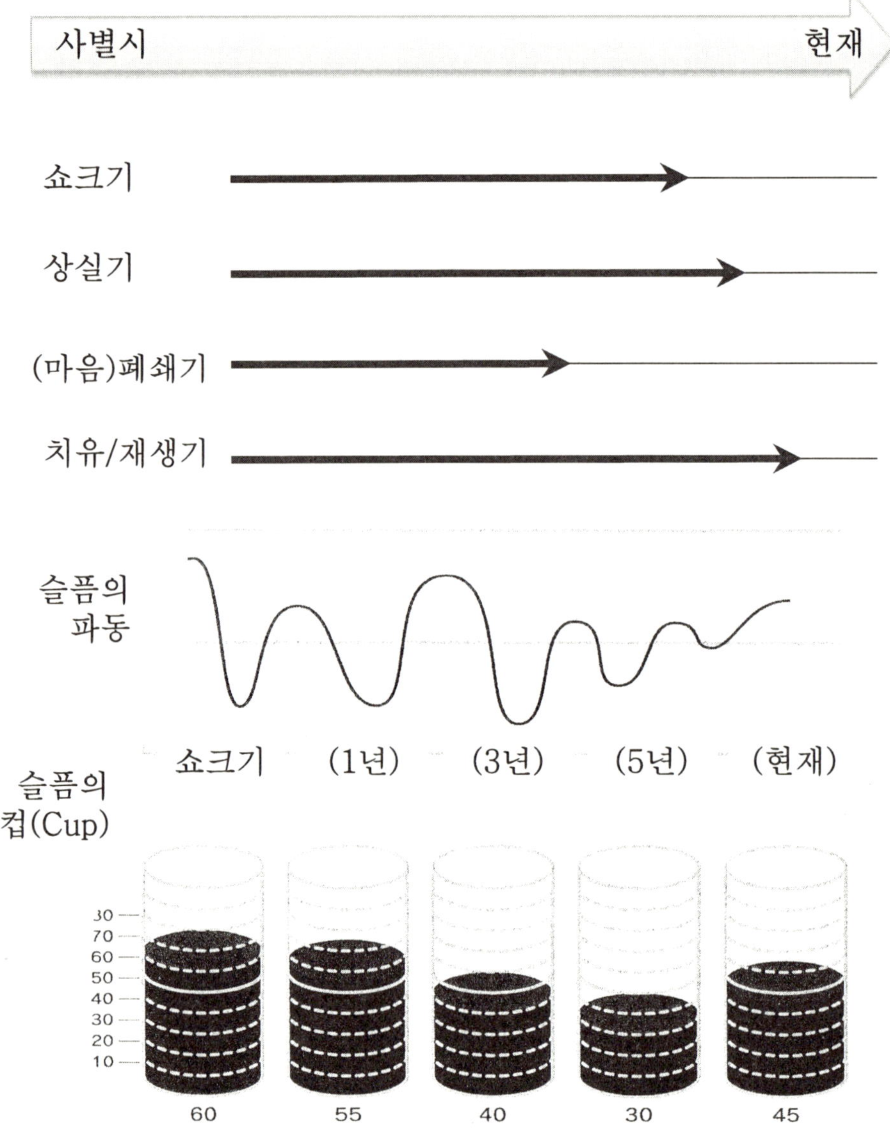
사별시
현재
쇼크기
상실기
(마음)폐쇄기
치유/재생기
슬픔의
파동
쇼크기
(1년)
(3년)
(5년)
(현재)
슬픔의
컵(Cup)
30
70
60
50
40
30
20
10
60
55
40
30
45

※ 앞쪽 페이지의 예)를 참고로 해서 기입해 주세요.

사별시 → 현재

쇼크기 ________________________________

상실기 ________________________________

(마음)폐쇄기 ________________________________

치유/재생기 ________________________________

슬픔의 波 파동

슬픔의 컵(Cup)

쇼크기 (1년) (3년) (5년) (지금)

90
80
70
60
50
40
30
20
10

고인이 얼마나, 또는 어떻게 자신의 마음에 살아 있습니까?

예)

냉한 체질이었네
「조금 따뜻하게」
「따뜻해서 좋네.」라고
하고
새근새근

밤중에 일어나 물을 마시는
버릇이 있는 나
「또 냉장고문이 열려 있어」라고
자주 들었어.

「좋은 일」도 「나쁜 일」도

피곤해 하고 있을 때
언제나 「좀 더 자면」이라고
말해 주었습니다.
이제 누구에게도 들을 수
없어 쓸쓸합니다.

외출하기 전에
거울에 서서
「아, 이런 거야」라고
화장을 끝마치는 너

「무엇을 할까? 뭐하지?」
자기 자신이 아무 것도
계획하지 못하는 군.
주말, 휴일, 휴가, 늘
입버릇이었네

※ 앞쪽 페이지의 예)를 참고로 해서 기입해 주세요.

함께 걸어온 길

(예)

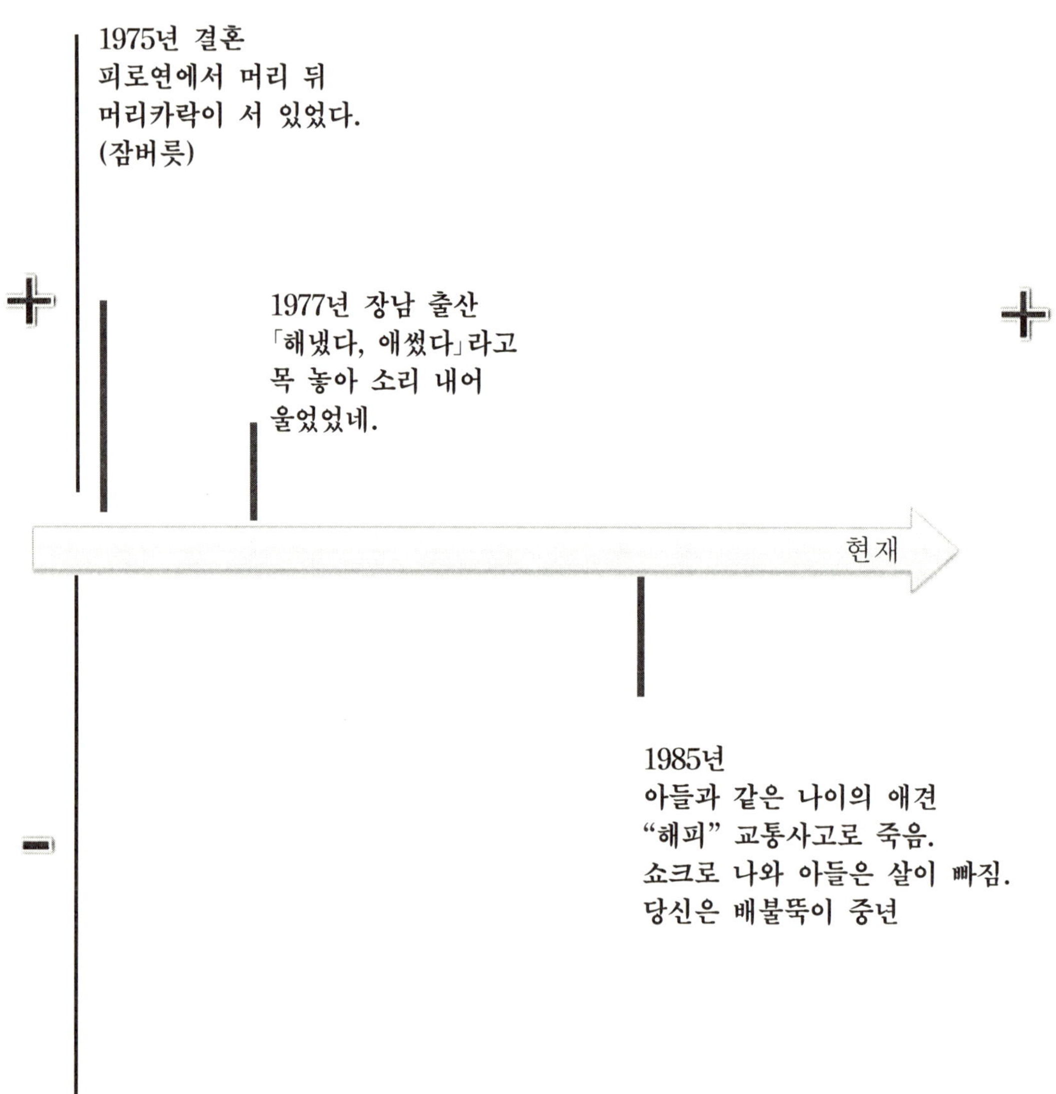

1975년 결혼
피로연에서 머리 뒤
머리카락이 서 있었다.
(잠버릇)
+
1977년 장남 출산
「해냈다, 애썼다」라고
목 놓아 소리 내어
울었었네.
+
현재
1985년
아들과 같은 나이의 애견
“해피” 교통사고로 죽음.
쇼크로 나와 아들은 살이 빠짐.
당신은 배불뚝이 중년
-

※ 앞쪽 페이지의 예)를 참고로 해서 기입해 주세요.

※ 될 수 있는 대로 「그 때」의 일로 기억하고 있는 말, 행위 등을 메모해 주세요.

현재

살아 있는 지금의 느낌은?

사별(死別) 이전(以前)을 100점 만점의 원주(圓周) 상으로 하면 지금은?

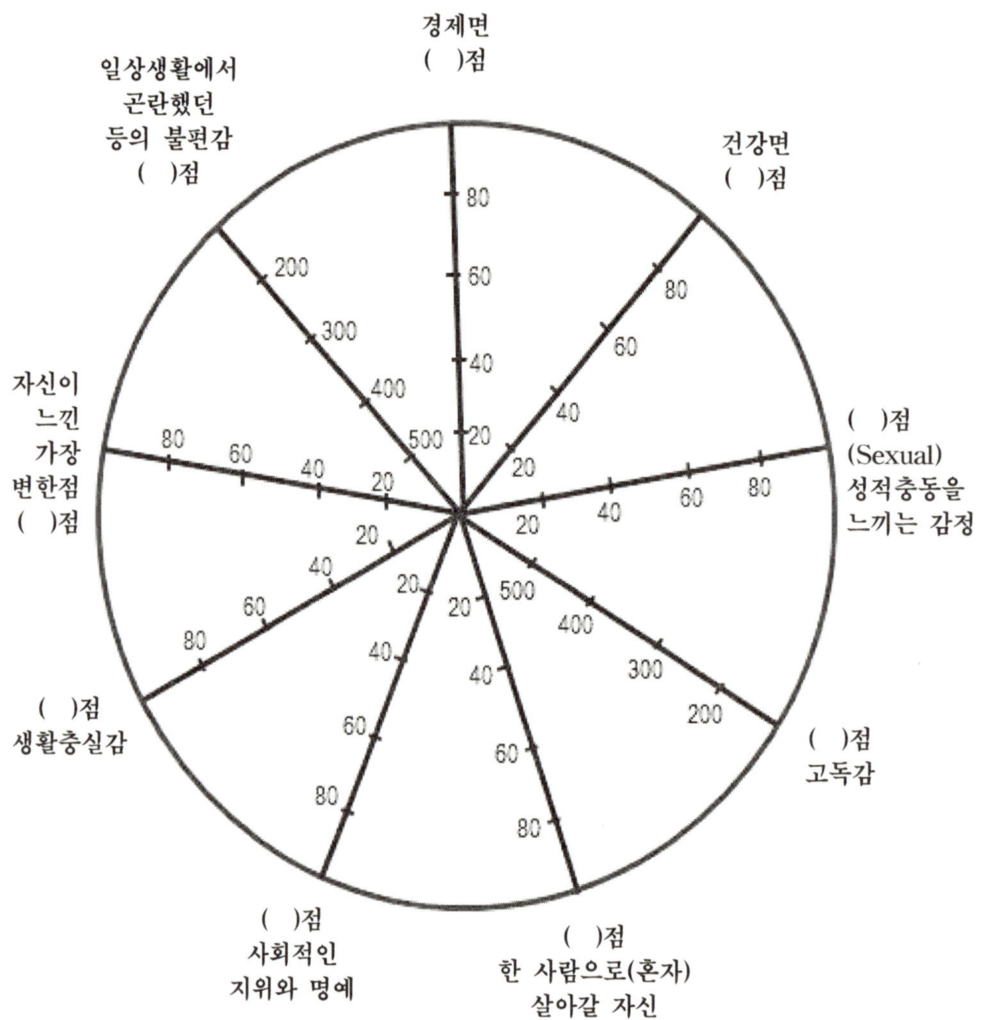

* ( )안에 점수를 넣어 선으로 연결해 주세요.

고인에게 전하고 싶은 것(자유롭게 메모해 봅시다)

마음에 남는 말은 ...

전하고 싶은 / 말하고 싶은 말은 ...

「미안해」라고 사과하고 싶은 것은 ...

「신경 쓰지 않습니다」거나 「끝난 일입니다」(용서의 의미)라고 생각하는 것은...

마지막 「매듭」은 「고마워」와 「안녕」의 말로 맺습니다.

「안녕」이 싫은 사람은 나른 무엇이라도 좋습니다.[59]

---

59) 宮林さちえ, 『愛する人を喪った悲しみを癒すために』, 東京. 1f.쪽 참조.

4. 사별가족들의 추모 편지

1) 아내의 편지

죽음은 ... 오늘 아이들과 함께 당신에게 갔을 때 우리 큰 아들 형준이가 많이 울더군요. 그 조그만 눈에 왜 당신을 향한 그리움으로 눈물을 흘려야 하는지 순간 세상의 모든 것이 야속하게만 느껴졌어요. 저녁을 먹은 후 형준이가 일기장을 사러 문방구로 향하는 길에 제게 묻더군요. “엄마! 아빠는 왜 우리를 두고 먼저 가셨을까?” 순간 이 어린 아이에게 어떻게 당신의 죽음을 설명해야 할지 ... “형준아! 그건 사고였단다. 이 세상 어느 누구도 갑자기 일어날 사고에 대해 알고 대비할 수 있는 사람은 없단다. 아빠도 가고 싶지 않으셨을거야.” 당신이 돌아오면 함께 보자고 했던 반지의 제왕을 아이들에게 보여줬어요. 당신이 없기에 제겐 재미도 재미로 느껴지지 않고 아름다움도 아름답게 보이지 않고 모든 것이 슬픔 자체였어요. 어두운 공간으로 인해 내 눈에서 한없이 흐르는 눈물을 아무도 볼 수 없다는 것만이 유일한 위로였을 뿐... 마음속에 영화 속의 한 마디를 담고 왔어요. “죽음은 끝이 아니다. 죽음은 우리가 걸어가야 할 하나의 여정이다.” 당신을 사랑합니다.[60)]

2) 남편의 편지

여보! 시간이 가고 세월이 가도 모든 것이 내 뜻대로 안 될 때 당신이 더 더욱 생각나네. 요즘 여러 가지로 힘이 많이 드네. 이럴 때 당신이 옆에 있음 나에게 뭐라고 했을까 싶기도 하고 또 한편으로 당신 위로 받고 싶기도 하고 ... 어떻게 당신 떠났을 때보다 2년이 다 돼 가는 요즘 그런 생각이 더 많이 드는지 모르겠다. 그건 요즘 들어 당신을 그만큼 더 생각하는 게 아니라 세월이 그럭저럭 어느 정도 지나고 난 후 그러니까 세월만큼 당신을 많이 잊고 난 후 다른 문제로 아쉽고 답답하니까 당신 핑계 대는 거겠지. 그래도 당신 이해해 줄 거라 생각하고 이런 소리 부담 없이 하는 거잖아 그지. 그래도 옆은 아니지만 하늘나라 저편에 당신이 있다 생각하고 이런 편지라도 쓸 수 있다는 것이 얼마나 다행인지 모르겠다. 때론 좋은 소식 때론 마음 아픈 넋두리라도 당신 옆에

60) 인천광역시시설관리공단, 「슬픔!! 그 이상의 사랑」, 10쪽 참조.

있다 생각하고 이런 소리 할 수 있는 것이 좋으네. 여보! 오늘 밤 술 한 잔 하자. 당신 잘 못 먹는 술이지만 한 잔술 내가 채워주고 내 술 당신이 따라주고 ... 대신 당신 술 내가 다 마셔 줄게. 우리 살아 생전에 하듯이 그리 하자꾸나. 오늘 밤 당신과 술 한 잔하며 이 밤 두런두런 세상 살아가는 얘기 우리 아들놈 얘기들 포함해 그런 얘기하며 이 밤 이 가을날 보름달 뜬 밤 보내고 싶네. 여보! 사랑해! 부질없는 소리해서 미안하고, ... 그리고 이승에서 당신 지키지 못했던 건강 저 하늘나라에서라도 제발 잘 챙기고. 오늘밤도 편안히 잘 자구...

3) 자녀의 편지

보고 싶은 아빠. 아빠 오랜만이다. 너무 보고 싶은데 사진보고 너무 많이 울었어. 목소리는 들리지 않지만 앞에서 웃으시는 아빠의 모습은 아직도 살아 계시는 것 같은데.... 벌써 2년이 지났네. 아빠 우리 막내 지켜주실 거지? 아빠가 우리 곁에 계시지 않는 것도 힘든데 막내마저 일찍 가면 어떻게. 지켜 주세요. 아프지 않게 해 주세요. 보고 싶어요. 미희 올림.[61]

4) 어머니의 편지

내 아들 정현아. 보고 싶다. 보고파도 볼 수 없는 것이 고통이어서 엄마는 어쩔 줄 모르고 49일을 맞는구나. 처음엔 믿을 수 없어서 다음엔 슬픔이 너무 커서 감당할 수 없었고 이젠 모든 것에 대한 원망으로 버티고 있다.

21년이란 시간을 내 곁에서 머물다 간 내 아들 좀 더 잡아둘 수 없었던 엄마의 무능함이 싫고 못해 준 기억만이 생생하다. 옷을 정리하다보니 군대 간다고 안사기도 했지만 동생하곤 다르게 욕심 없었던 큰 아들, 변변한 옷 한 벌 없는 널 위해 백화점에서 옷을 사며 엄마의 가슴은 또다시 찢어진다.

착한 내 아들 동생한테 양보하고 늘 속으로 삭혔을 그 속을 몰랐던 엄마가 무척 미안하다. 내일이면 49일, 좋은 곳으로 갔다고 알고 있다. 그렇게 믿고 있다. 모든 이의 기도 속에 엄마 잔소리는 없는 곳에서 웃고 있을 널 생각하마.

---

61) 인천광역시시설관리공단, 『슬픔!! 그 이상의 사랑』, 51쪽 참조.

아들아 미련 버리고 편안하게 가거라. 머잖아 엄마가 네게 갈 때는 많은 잔소리를 준비하고 갈게. 남아 있는 고통을 만날 날에 섞으면서 엄마는 아들을 생각한다. 정현아 보고 싶다. 너무너무. 1분이라도 널 볼 수 있었으면...

5) 손주의 편지62)

보고 싶은 할머니. 할머니 저 태성이에요. 하늘나라에서는 잘 지내고 계세요? 저는 오히려 하늘나라가 더 좋을 것 같아요. 할머니도 매일 볼 수 있고, 그리고 하늘나라는 아픔도 없을 것 아니에요? 그니깐 할머니 아픈 모습 안 보니깐 기쁘죠. 할머니 보고 싶은 할아버지도 하늘나라에서 만나셨겠죠? 저는 요즘에 축구선수를 하려고 열심히 노력중이에요. 할머니 얼굴은 아직도 잊혀지지가 않아요. 한 60년 후에 제가 죽으면 할머니를 하늘나라에서 만날 수 있겠죠? 아직도 할머니 아프셨던 거 생각하면 가슴이 아프지만 그래도 꿋꿋이 잘 할게요. 할머니는 오히려 하늘나라가 더 좋으실 거 같아요. 아픔도 없고 병도 없고 할아버지도 만나고, 하지만 저는 할머니가 없으니깐 너무 슬퍼요. 할머니 저 이제 가봐야겠어요. 가기 싫어도 어쩔 수 없기 때문에 앞으로 축구 열심히 할 테니깐 하늘나라에서라도 지켜봐 주세요. 살아계실 때 잘 해주지 못한 것 같아 정말 죄송해요. 그리고 할머니 너무너무 사랑해요. 다음에 다시 만나요. 안녕히 계세요.

62) 인천광역시시설관리공단, 『슬픔!! 그 이상의 사랑』, 83쪽 참조.

귀천(歸天)

-천 상 병-

나 하늘로 돌아가리라.
새벽빛 와 닿으면 스러지는
이슬 더불어 손에 손을 잡고

나 하늘로 돌아가리라.
노을 빛 함께 단 둘이서
기슭에서 놀다가 구름 손짓하며는

나 하늘로 돌아가리라.
아름다운 이 세상, 소풍 끝나는 날,
가서 아름다웠다고 말하리라.

이 노트에 대한 기록이

최종 끝나면,

한 번 더 신중하게 읽어 보시고,

자신의 마음을 좀 더 확인하신 후,

아래에

날짜를 기입하고,

다시 서명을 하여 주십시오.

년 월 일

성 명 ____________(서 명)

❙저자약력❙

≪양 무 석≫

* 충남대, 한남대, 대전대, 청주대, 침신대 등에서 강의
* 종묘대제, 사직대제, 왕릉제향 전승교육 이수
* 죽음준비교육 지도자과정 이수
* 7Habits Facilitator 이수
* 장례지도사자격검정원 원장
* 보건복지부 <자연장모형개발연구> 심사위원
* 행정중심복합도시 장사시설 기획심사(T/F)위원
* 현 한국장례문화학회 부회장
* 현 한국동서철학회 이사
* 현 (사)늘푸른장사문화원 이사
* 현 대전광역시 노인복지정책개발위원
* 현 (국)대전현충원 현충발전자문위원
* 현 대전보건대학교 장례지도학과 교수

웰다잉을 위한
하늘여행 준비노트

인 쇄 | 2015년 12월 15일
발 행 | 2015년 12월 18일

저 자 | 양 무 석
발행인 | 박 상 규
발행처 | 도서출판 보성

주 소 | 대전광역시 동구 삼성2동 318-31
전 화 | (042) 673-1511
팩 스 | (042) 635-1511
E-mail | bspco@hanmail.net
등록번호 | 61호
ISBN 978-89-6236-144-5 03190

정가 15,000원